W0184406

Hohenheim

Lothar Späth

Was jetzt getan werden muß

Seitenblicke auf Deutschland

Hohenheim Verlag
Stuttgart · Leipzig

Die Deutsche Bibliothek – CIP Einheitsaufnahme
Ein Titeldatensatz für diese Publikation ist bei der Deutschen Bibliothek erhältlich

© 2002 Hohenheim Verlag GmbH, Stuttgart · Leipzig
Alle Rechte vorbehalten
Satz: L & N Litho, Waiblingen
Druck und Bindearbeiten: W. Röck GmbH, Druck + Medien, Weinsberg
Printed in Germany
ISBN 3-89850-059-4

Inhalt

Ludwig Erhards Erben

Die Globalisierung und ihre Folgen

Anstöße für den Osten

Erfolgsgeschichte im Südwesten

Die Zukunft Europas

Exkurs

Über dieses Buch

Vor jeder Bundestagswahl ist die Ratlosigkeit vieler Wähler groß: Wem sollen sie, wenn sie politisch nicht fest gebunden sind, die Führung des Landes anvertrauen? Nach welchen Kriterien sollen sie sich entscheiden? Wie sehen die großen Zukunftsperspektiven der Parteien aus?

Diese berechtigten Fragen werden in diesem Buch zwar aufgeworfen, aber nicht beantwortet. Denn ich konnte und wollte keinen Ratgeber für Wähler schreiben, sondern möchte den Blick für die Probleme schärfen, um die es in Deutschland und Europa mittel- und langfristig geht. Schließlich hat sich auch nach den Terroranschlägen in Amerika und dem Militäreinsatz in Afghanistan die politische Tagesordnung bei uns nicht prinzipiell geändert – es sind nur andere Themen in den Vordergrund gerückt, ohne daß sich die Probleme, die vor den Anschlägen diskutiert wurden, erledigt hätten. Auf jeden Fall dürfen die Ereignisse in New York und Washington und die entschlossene Reaktion der USA und ihrer Verbündeten darauf nicht als Ausrede dafür herhalten, bei dringenden Fragen innerer Reformen einfach die Hände in den Schoß zu legen.

Entscheidend wird neben der Sicherheitspolitik künftig der energisch betriebene Wandel vom Versorgungsstaat zur Bürgergesellschaft sein, in deren Mittelpunkt zuerst die Eigenverantwortung des einzelnen und kleiner Gemeinschaften steht und in der die lenkende Hand des Staates bloß notfalls eingreift. Deshalb muß neben einem verstärkten Schutz der Bürger vor äußerer und innerer

Bedrohung der konsequente Abbau von Regulierungen in Wirtschaft und Gesellschaft das zentrale Thema der nächsten Jahre sein. Denn nur mit mehr selbständigen und/oder unternehmerisch denkenden und handelnden Menschen läßt sich der Wohlstand für alle sichern, gerade auch für sozial Schwache und Alte.

Damit das alles nicht abstrakt bleibt, werden in den einzelnen Kapiteln des Buches die aus meiner Sicht wichtigsten Problemfelder angesprochen. Da sie nicht selten schon Gegenstand eines Vortrages oder eines Artikels gewesen sind, den ich gehalten beziehungsweise geschrieben habe (siehe auch die Editorische Notiz), können manchem Leser einige Formulierungen und Gedanken bekannt vorkommen, was sie deswegen ja aber nicht weniger richtig macht. Auch waren Wiederholungen und Überschneidungen dann nicht immer vermeidbar, wenn griffige Beispiele Entwicklungen illustrieren, die an verschiedenen Stellen eine große Rolle spielen und deshalb mehrmals erwähnt werden – wie zum Beispiel die Entstehung der sogenannten Cluster in Jena und anderswo. Ich hoffe, daß die Leser über solche Schönheitsfehler, sollten sie so empfunden werden, großzügig hinwegsehen.

Jena, im März 2002 *Lothar Späth*

Die Deutschen und ihr Staat

Ein Zoo ist nicht börsenfähig

Nostalgie ja, Fortschrittsverweigerung nein

An die umfassende Sicherheitsgarantie des Staates glaubt niemand mehr.

Auf den Trümmern des Zweiten Weltkrieges entstand der Exportweltmeister Deutschland. Die Soziale Marktwirtschaft Ludwig Erhards sicherte Wohlstand und inneren-Frieden, und der deutsche Wohlfahrtsstaat entstand. Europa wurde auf den Weg gebracht, die Mauer in Deutschland niedergerissen. Alle Welt befürchtete, daß die neue Dynamik des wiedervereinigten Deutschlands von niemandem mehr aufgehalten werden könnte.

Aber die Deutschen hatten sich in ihrem Wohlfahrtsstaat so gemütlich eingerichtet, daß ihre Leistungsbereitschaft abnahm und sie durch den heraufkommenden und gnadenlosen Wettbewerb der modernen Industrieländer im Zuge der Globalisierung verdrängt wurden. Die Deutschen waren lieber mit sich selbst beschäftigt.

Es war wie mit den Tieren im Zoo. Die meisten von ihnen wurden schon im Wohlfahrtszoo geboren und hatten sich daran gewöhnt, daß jeden Morgen der Wärter Futter brachte, das für alle ausreichte, auch für die Spätaufsteher. Das machte die Tiere schläfrig. Zwar lebten noch einige alternde Löwen, die jungen Tieren erzählen konnten, wie es war, als man sich sein Futter auf der freien Wildbahn beschaffen mußte. Aber inzwischen gab es im Zoo so viele Wärter, die so viele Zoo-Ordnungen installiert hatten, daß weder die alternden Mahner noch die dynamischen Jungtiere, die gerne einmal einen Ausflug in die freie Wildbahn machen wollten, gehört wurden. Funktionäre des Zoos waren eher mit Zoozaunverstärkungsprogrammen und neuen Käfigrichtlinien beschäftigt. Sie warnten die Zootiere vor den wilden Cowboys aus Amerika und den asiatischen Tigern und Drachen, die das gemütliche Zooleben bedrohten, und meinten, mit der Europäischen Zoo-Erweiterung sei das Problem zu lösen.

Schon vor der Jahrhundertwende beschlich die Zootiere zwar die dumpfe Ahnung, daß der Zaun eines Tages nicht genügend Schutz bieten könnte und ein ausgefeiltes Konditionstraining für einen Wettbewerb in der freien Wildbahn vielleicht wichtiger wäre als neue Zoo-Ordnungen. Aber es ging dem Ende des Jahrhunderts zu, und man hoffte, es würde schon gutgehen.

Jetzt zeigt sich, daß alles anders wird. Denn immer mehr mutige Jungtiere wollen den Zoo verlassen und ihre Chance in der freien Wildbahn suchen. Sie möchten ihre Kräfte messen und wehren sich gegen die kollektive Gleichbehandlung; sie wollen lieber individuell leben, als den streng geordneten Trott im Zoo weiter zu ertragen. Die Wärter, die glaubten, alles im Griff zu haben, geraten in Panik. Sie ahnen, daß die Reformen der Spielregeln ihre Macht und ihre Besitzstände in Frage stellen.

Verlassen wir das Bild. Die neue Zeit hat uns eingeholt. Niemand kann sich der Globalisierung wirksam entgegenstellen. Die jungen Informatiker, Finanzfachleute und Juristen – zweisprachig, mobil und neugierig – interessieren sich nicht mehr für das Tarifgeschehen der Industriegesellschaft, sondern für Beteiligungen und Stock-Options. Sie laufen einfach weg.

Kurzum: Die Leute beginnen umzudenken, nur die Funktionäre noch nicht. Die Sicherungssysteme der Industriegesellschaft halten nicht mehr. An die umfassende Sicherheitsgarantie des Staates glaubt niemand mehr. Nicht mehr die Politik und die wachsende öffentliche Verwaltung bieten Sicherheit, sondern unternehmerisches Denken, Wachstum und Dynamik. Der daraus resultierende Erfolg schafft die Kraft, um die Starken zu fördern, aber auch die wirklich Schwachen zu schützen.

Jetzt werden sich die Kräfte der Zukunft durchsetzen, und die junge Generation wird sich auf den Wertfundamenten, die die Nachkriegsgenerationen geschaffen haben, ihr neues Gesellschaftsgebäude aufbauen. Ein Zoo aber ist nicht börsenfähig. Es macht nichts, wenn wir Älteren etwas wehmütig an die schönen, harmonischen Zeiten von damals denken. Nostalgie ist zulässig, Fortschrittsverweigerung nicht.

Was ist mit den Deutschen los?

Über die Fähigkeit zu grundlegenden Reformen

Die deutsche Gesellschaft scheint nicht neugierig zu sein. Und wer nicht neugierig ist, der hat natürlich keine Lust, sich flexibel mit neuen Dingen zu beschäftigen.

Warum gelingt es uns nicht, das Tempo der Wirtschaft und deren Auswirkungen auf die Gesellschaft ein Stück weit auf die Politik zu übertragen? Man hat im Gegenteil den Eindruck, daß die Politik eher reformfeindlich geworden ist. Zwar ist sie im Prinzip reformfähig, aber die Reformen sind entweder unzureichend oder sie kommen mit erheblicher Verspätung meist zu einem Zeitpunkt, an dem die nächste Stufe der Reform schon einsetzen müßte.

Was ist eigentlich der Grund dafür, daß die Bevölkerung das erträgt? Vielleicht wird eine Analyse einmal zeigen, daß die letzte Bundestagswahl von 1998 nicht nur eine Wahl etwa gegen Kohl und die CDU war, sondern eine Ablehnung des ersten Versuchs, nach 16 Jahren Regierungszeit ernsthaft Reformen in Angriff zu nehmen. Deshalb bin ich nicht so sicher, ob die neue Regierung tatsächlich als Reformregierung gewählt wurde. Und manchmal habe ich das Gefühl, sie weiß das und hält sich daran.

Oder schauen Sie mal nach Berlin. Dort hat eine Diskussion begonnen, die etwa so lautet: „Wir wollen alles verändern, aber erst müssen wir sehen, wie wir das durchsetzen können.“ Aber die Frage lautet: Was braucht eigentlich die deutsche Bundeshauptstadt? Jeder Ministerpräsident sagt, die eigene Hauptstadt braucht eine besondere finanzielle Zuwendung, weil sie das Aushängeschild des Landes ist. Da gibt es einen großen Streit in Baden-Württemberg beispielsweise, wieviel die Badener Stuttgart als Landeshauptstadt zugestehen können. Wenn Sie nach München gehen und behaupten würden, München ist wie Nürnberg, ich weiß nicht, was geschehen würde. Und selbst wenn Sie an Düsseldorf oder Kiel denken: Sie haben den Anspruch auf eine besondere Stellung. Aber nur wenige diskutieren die Frage, wie müßte eigentlich eine Bundeshauptstadt aussehen, die Kulturaushängeschild Deutschlands ist.

Vor kurzem bin ich von Schanghai nach Berlin geflogen – natürlich über Frankfurt. Aber ich habe mir überlegt, was ein Chinese, der den Luxus des Schanghaier Flughafens als Bürger eines Entwicklungslandes genießt und dann in Tegel landet, für eine Vorstellung von Deutschland hat. Aber wir haben ja eine Chance in Berlin-Schönefeld. Die wird wahrscheinlich in den nächsten zwanzig Jahren Wirklichkeit.

Das zweite Beispiel stammt aus der Verkehrspolitik: Deutschland verkauft den Transrapid an die Chinesen, damit die Strecke von Pudong nach Schanghai gebaut wird. Dafür nehmen wir aber nicht etwa Lizenzen für unsere ingenieurtechnische Leistung ein, sondern geben noch 300 Millionen Steuergelder nach China mit, damit das wirklich gebaut wird. Dann sagen die schlauen Chinesen: „Wenn ihr Deutschen ganz lieb zu uns seid und uns vielleicht das Ganze fast schenkt, dann können wir auch darüber reden, ob ihr die 50 Milliarden-Strecke von Schanghai nach Peking bekommt."

Möglicherweise können wir dann eines Tages Touristenreisen zur Fahrt mit dem Transrapid von Schanghai nach Peking veranstalten. Und China Airlines übernimmt den Transport der deutschen Touristen. Auf die Idee, daß der Zug eigentlich zu dieser Zeit zwischen Paris, Frankfurt und Moskau verkehren sollte, kommt niemand. Dabei wären solche Hochgeschwindigkeitsverbindungen in Europa wie geschaffen, um etwa das Problem mit den knappen Slots der europäischen Flughäfen zumindest etwas zu entschärfen. Die wären dann nämlich für die Interkontinentalflüge frei. Aber so eine Diskussion findet schlicht nicht statt.

Was ist also los in Deutschland? Ich glaube, wir haben einen Zustand erreicht, in dem die Interessengruppen so mächtig sind, daß sie – verbunden mit einem System des Harmonisierungsdrucks – dafür sorgen, daß alle Entscheidungen im Prinzip für notwendig gehalten werden. Auch die Bevölkerung und die Parteien sagen nie „nein" zu den Reformen, sondern „so nicht" und „jetzt nicht" und „warum nicht anders?" Am Ende steht immer ein sogenanntes „Moratoriums-Nein". Der Philosoph Hermann Lübbe hat diesen Begriff geprägt. Das heißt: „Ich will ja gar nicht ‚nein' sagen. Aber wenn ihr jetzt so drängt und eine Entscheidung wollt, dann sage ich einmal vorsorglich ‚nein'. Wenn ihr mir genügend Zeit gebt zum Überlegen, dann sage ich vielleicht auch ‚ja'. Aber so, wie ihr mich jetzt fragt – jetzt und gleich soll ich etwas entscheiden – kommt das gar nicht in Frage. Ich brauche Zeit."

Ist das ein Ergebnis der sehr langen Phase einer Wohlstandsgesellschaft, die zu dem Ergebnis kam, es gibt risikofreien Fortschritt? Vielleicht haben Deutschland die 80er Jahre am wenigsten gutgetan, in dem uns die Europäische Gemeinschaft einen Fortschritt beschert hat, der tatsächlich risikofrei war. Deshalb interessiert mich auch an der Problematik der 68er weniger, mit welchem Polizisten sich Joschka Fischer geprügelt hat, als vielmehr die Tatsache, daß es einer Generation gelungen ist, unser Gesellschaftssystem so zu blockieren, daß wir in vielen Bereichen, in denen es auf Fortschritt ankommt, nicht mehr die Kräfte und die Menschen haben, die nach vorn drängen.

Das ist nicht mehr die Gesellschaft, die von der Aufbauzeit der Nachkriegszeit geprägt ist. Unsere Großväter und Väter hatten dort unglaubliche unternehmerische Neugier und Bereitschaft zum Risiko und damit eine solche Dynamik geschaffen, die unser Sozialsystem erst ermöglicht hat. Ludwig Erhard hat immer gesagt, wenn die Wirtschaft schnell wächst, dann kann man auch die sozialen Leistungen dynamisch wachsen lassen. Aber da muß immer ein Abstand sein. Inzwischen wachsen die Sozialleistungen dynamischer als die Wirtschaft. Und wir diskutieren heute über eine ganz andere Gesellschaft – nicht nur im Hinblick auf die demographische Entwicklung. Es geht auch um Wettbewerb und völlig andere Entwicklungen, z.B. bei den Lebensentwürfen der jungen Menschen. Aber wir sind nicht in der Lage, ein Paket von Reformen so im Zusammenhang zu diskutieren, daß sich daraus ein System ergäbe, in das wir als Gesellschaft hineinwachsen können.

In der Realität macht man immer wieder ein „Reförmchen“ und nennt es dann einen „Schritt in die richtige Richtung“. Übrigens trägt die öffentliche Meinungsbildung in den Medien gewaltig dazu bei, diesen Prozeß so zu gestalten. Denn sobald irgendein Reformvorschlag kommt, wird er gelobt – „ist ein Schritt in die richtige Richtung“ – und dann kommt das „Aber“. Und das „Aber“ ist so umfassend, daß der Rösselsprung gewissermaßen zum Zwang wird. Aber wo kämen wir denn auch hin, wenn hinter der Reform schon die nächste käme?

Erholung von den Strapazen der Vergangenheit?

Es gibt Deutsche, die wollen jetzt eine Auszeit – wie im Eishockey. Die meinen, daß wir doch schon die Wiedervereinigung geschafft haben, mit der wir eigentlich gar nicht rechnen konnten. Und jetzt droht noch die europäische Einigung. Das ist nun wirklich zu viel auf einmal – Erweiterung und Vertiefung. Da müssen wir erst einmal tief Luft holen, bis wir uns von den Strapazen der Vergangenheit erholt haben.

Woran liegt das? Ich habe vorher gesagt, wir haben das Problem der Verbände und Interessengesellschaft. Kein Land ist so verbandsorientiert durchorganisiert und hat damit eine Struktur, bei der die Lobby im Grunde immer bei den Bewahrenden ist. An den Runden Tischen erscheinen nicht die Ideenträger für die neue Gesellschaft, sondern die, die sicherzustellen haben, daß diese Ideenträger kein Unheil anrichten. Nicht etwa daß sie Unheil für die Gesellschaft abwenden wollen. Nein, sie meinen das Unheil für ihre Interessengruppe.

Oder nehmen wir das Bündnis für Arbeit. Wer sitzt denn dort? All diejenigen, die sich wenigstens über eines einig sind: Der Flächentarifvertrag muß bleiben. Und die diskutieren mit Vertretern einer Produktionsgesellschaft, die es schon gar nicht mehr gibt. Im Osten sind 80 Prozent der Menschen in der Dienstleistung tätig, im Westen 70 (das ist ein Punkt, wo sich der Westen dem Osten anpassen wird). Aber die Wortführer in dieser Runde sind die Industriegewerkschaften. Und dann läuft das auf Diskussionen wie etwa mit der Entfernungspauschale hinaus. Was machen die denn mit den vielen jungen Leuten, die mit ihrem Computer Software produzieren? Ich meine die, die sich morgens aus dem Bett schleichen, ihre Kaffeetasse in der Küche angeln und dann anfangen, auf die Tastatur einzuhämmern. Kann mir jemand erklären, was ich mit einer Entfernungspauschale vom Schlafzimmer ins Wohnzimmer mache? Aber wenn dieser Mensch mit dem Auto zu seinem Kunden fährt, ist er doch genau so tätig wie der, der jeden Morgen zu seinem Arbeitsplatz fährt. Das wird einfach nicht gesehen, weil die, die sich über die Entfernungspauschale die Köpfe heißgeredet haben, immer noch mit der Vorstellung leben, daß 80 Prozent der Menschen regelmäßig früh um 6:00 Uhr zu ihrem Arbeitsplatz fahren.

Das ist genau so wie die Frage, ob sie 38 oder 40 Stunden arbeiten sollen. Dabei wird übersehen, daß ein Großteil der Menschen heute nicht mehr eindeutig zwischen Arbeitszeit, Kommunikation, Scheinselbständigkeit, echter Selbständigkeit und Freizeit unterscheidet. Aber auf solche Menschen sind diese Bündnisse überhaupt nicht vorbereitet. Das ist also der erste Punkt: die Verbände und Interessengruppierungen sind so stark, daß sie die Entbürokratisierung verhindern.

Ich erinnere mich dabei an eine Erfahrung in Baden-Württemberg. Ich hatte eine Entbürokratisierungskampagne eingeleitet und war ganz begeistert, als mir meine Verwaltung nachgewiesen hat, daß wir 40 000 Vorschriften beseitigen konnten. Und keiner hat es gemerkt. Es hat sich auch nichts geändert. Als ich Stichproben der 40 000 beseitigten Verwaltungsvorschriften sah, war mir das sonnenklar: Davon war nicht eine relevant. Solche Aktionen können wir in Deutschland noch viele machen, gibt es doch eine Unmenge von Vorschriften, die man ohnehin nicht mehr braucht. Aber wir gehen nicht die an, die ich gemeint habe.

Wenn man sich einmal ansieht, welche Stellungnahmen etwa die Industrieverbände zu neuen Gesetzesvorlagen abgeben, wird einem angst und bange bei dem Gedanken, daß die Wirtschaft die Führerschaft bei der Entbürokratisierung übernehmen will. Natürlich sind die Spitzen, welche die Wirtschaft vertreten, durchaus reformfreudig. Aber ihre ganzen Apparate, die jedes Gesetz auf die Interessen dieses Verbandes und jener Organisation hin prüfen und eine Flut von Stellungnahmen produzieren, demonstrieren doch vor allem, daß die Deutschen in der Lage sind, aus der einfachsten politischen Gesetzesidee ein so kompliziertes Werk zu machen, daß die, die es angestoßen haben, es nicht wiedererkennen. Aber dafür ist es beschlußfähig und am Ende sogar unter den Parteien einigungsfähig. Nur einigen die sich über etwas, was diejenigen, die es initiiert haben, gar nicht wollten. Und dann wird noch behauptet, hier sei eine Reform durchgesetzt worden.

Wir brauchen deshalb statt der Verbandsdemokratie neue Formen der Kommunikation zwischen Bevölkerung, Politik und Gesellschaft zu diesen Themen. Ich glaube durchaus, daß wir dafür Einrichtungen – nennen Sie es Runder Tisch oder nennen Sie es Räte – brauchen. Diese Gremien sind wichtig, weil sie der Politik etwas vorschlagen können und vor allem der Bevölkerung transparent machen, wo das Problem liegt. Denn die Politik lebt ja eigentlich oft davon, daß die Dinge nicht transparent sind.

Damit bin ich beim zweiten Punkt: Die deutsche Gesellschaft scheint nicht neugierig zu sein. Machen Sie doch einmal eine Statistik darüber, wie viele Westdeutsche nach inzwischen mehr als zehn Jahren in Ostdeutschland waren. Wenn Sie dann noch Ostberlin ausklammern, bekommen Sie ein schönes Bild von den gelangweilten und desinteressierten Deutschen. Und da liegt auch gleich die Antwort. Denn wer nicht neugierig ist, der hat natürlich keine Lust, sich flexibel mit neuen Dingen zu beschäftigen. In der Wirtschaft läuft das ganz anders – zwangsläufig. Da müssen sie jeden Tag experimentieren und versuchen, eine Sache besser zu machen. Und hinter all dem steht die Überlegung: Gelingt das Experiment, übertrage ich es auf andere Bereiche; mißglückt es, breche ich es ab und kann sagen, daß ich daraus gelernt habe.

Wir müssen auch im politischen Raum Freiräume für

Experimente schaffen, dabei aber bedenken, daß die deutsche Gesellschaft einen großen Hang zur absoluten Gleichbehandlung hat. Nehmen Sie das Zulassungssystem für die Universitäten. Während jeder inzwischen sagt, „Wir wollen einen Wettbewerb der Universitäten", hat man nach wie vor das Thema der zentralen Zulassungssysteme mit der Folge des Numerus clausus. Wie sich das praktisch auswirkt, läßt sich an einem wunderbaren Beispiel ablesen. In einer Woche habe ich drei Überschriften in Zeitungen gelesen. Erste Überschrift: „Der Numerus clausus muß in der Informatik in Deutschland eingeführt werden, weil die Zahl der Studenten doppelt so hoch ist wie die Zahl der angebotenen Studienplätze." Zweite Meldung: „Wir müssen mehr Greencards ausgeben, um Ausländer als Informatiker hereinzuholen, weil unsere Kapazität nicht reicht." Dritte Meldung: „Im Osten laufen die jungen Leute weg."

Auf die Idee, in Ostdeutschland 25 Fachhochschulen zu bauen und den Numerus clausus zu vergessen, kommt die Politik nicht, obwohl es um nicht einmal ein Prozent der Summe des Solidarpakts 2 für die nächsten zehn Jahre geht. Diese Fachhochschulen kann man nach einem Fertigbautyp aus dem Boden stampfen und in ein paar Jahren, wenn sie wegen der Altersentwicklung wieder leerstehen, für andere Ausbildungseinrichtungen verwenden. Der Bau kostet höchstens 13 bis 15 Millionen EURO. Lassen Sie ihn 20 Millionen kosten – eine halbe Milliarde würde für 25 solcher Fachhochschulen reichen. So könnte man junge Leute nach Ostdeutschland locken, weil sie hier keinen Studienplatz finden. Und weil die Unternehmen der Softwarebranche in der Regel dorthin gehen, wo die Studenten ausgebildet werden, entstünden nebenbei neue Arbeitsplätze (siehe auch Seite 158).

Man kann sich gut vorstellen, was losgehen würde, wenn darüber gestritten wird, wie die 25 Fachhochschulen verteilt werden sollen. Und überhaupt: Kann der Westen zulassen, daß so viele Fachhochschulen im Osten gebaut werden? Und wenn die gebaut werden, wie werden sie zwischen den Ostländern verteilt? Und wo ist dann in dem jeweiligen Land ein Standort, der im politischen Wettbewerb einigungsfähig ist? Wenn das alles ausdiskutiert und beschlußfähig ist, dann sind fünf Jahre herum, und wir brauchen die Fachhochschulen wahrscheinlich nicht mehr. Denn das wäre der Zeitpunkt, zu dem wir den ersten Schwung Informatiker ausgebildet hätten.

Der Harmonisierungsdruck des Grundgesetzes

Mit anderen Worten: Die deutsche Gesellschaft hat einen unglaublichen Hang, alles gerecht und im Detail ausgewogen zu machen. Hinzu kommen noch die mangelnde Experimentierlust, die mangelnde Neugierde auf die Zukunft und die bremsenden Interessenverbände. Daran erkennt man, warum wir Deutschen so einen Begriff wie „Reformstau" in unserem Wortschatz haben.

Dann kommt gleich der nächste Punkt: der Harmonisierungsdruck des deutschen Grundgesetzes. Ich glaube, man muß einmal in die fundamentale Diskussion eintauchen und sehen, daß wir ein Grundgesetz haben, bei dem das Zusammenwirken von Bund und Ländern über den

Deutschen Bundesrat inzwischen – zusammen mit den Gemeinschaftsaufgaben – eine Form angenommen hat, die mit den Länderkonferenzen noch als dritte Institution die zunehmende Unregierbarkeit Deutschlands sicherstellt. Nehmen Sie z.B. die Kultusministerkonferenz. Dort werden nicht etwa die Spielregeln für den Wettbewerb der deutschen Bundesländer um die besten Bildungseinrichtungen oder die besten Hochschulen festgelegt. Nein, da wird unter einem Harmonisierungsdruck gearbeitet, der zum Prinzip hat: Was nicht einigungsfähig ist, darf nicht gemacht werden. Nun stellen Sie sich die 16 Kultusminister in der Farbgebung, wie wir sie in Deutschland im bunten Rahmen der Parteien haben, und diesen Apparat vor, und dann träumen Sie von der Chance, diese Konferenz würde wichtige Strukturen für den Wettbewerb der besten Bildungseinrichtungen schaffen!

Der frühere Ministerpräsident von Niedersachsen, Glogowski, hat einmal gesagt: „Wenn Schüler aus Baden-Württemberg oder Bayern kommen, müssen wir die ein Jahr lang stillegen, bis unsere so weit sind, daß die sich anschließen können." Das war eine sehr selbstkritische und ehrliche Aussage. Aber so etwas darf es in Deutschland ja eigentlich nicht geben. Die Schulen müssen alle gleich sein. Falls die Eltern in Deutschland umziehen, müssen doch die Kinder denselben Standard bekommen. Das Problem ist, daß der eh nicht da ist.

Genau dies ist einer der entscheidenden Punkte. Der Föderalismus ist auf Wettbewerb angelegt. Wer hat die besten Kindergärten? Wer hat die besten Schulen? Wer hat die besten Krankenhäuser? Wer hat die wirtschaftlichste Abwasserbeseitigung? Wer organisiert den Nahverkehr am besten? Darin liegt eine unglaubliche Chance für Ideen und Wettbewerbe. Aber wenn man die Finanzausgleichsfunktion noch dazunimmt, hat man überhaupt keinen Ansatz mehr von dem, was den Föderalismus stark macht (siehe auch Seite 61ff.).

Dann haben wir noch diese unglaubliche Entwicklung der Gemeinschaftsaufgaben. Auf Landesebene läßt sich doch im Grunde gar nichts mehr machen, ohne daß der Bund mitmischt. Und bei allem, was der Bund macht, hängen sich die Länder mit rein. Das kommt daher, daß fast alle Gesetze Verwaltungsaufgaben enthalten. Und damit sind auch die Länder zuständig – also müssen sie mitbestimmen. Die Deutschen mit ihrem Harmonisierungsgefühl werden bei Bundestagswahlen immer eine Partei in die Regierung wählen und bei der nächsten Landtagswahl auf jeden Fall die Gegenbewegung einleiten. Damit wird sichergestellt, daß nach den nächsten Landtagswahlen in der Regel die Opposition die Mehrheit im Bundesrat erhält. Hinzu kommt, daß es fast nur noch Koalitionsregierungen gibt.

Ich erinnere mich immer an die herrliche Zeit, als ich in Baden-Württemberg in drei Legislaturperioden mit der CDU eine Alleinregierung bilden konnte. In jedem Land, in dem eine Regierung eine Weile lang kontinuierlich arbeiten kann, läßt sich wirklich etwas verändern. Bei einem Koalitionspartner, der sich erst einmal profilieren muß, geht viel Zeit verloren. Da wird dann ein Kompromiß geschlossen, der auch noch mit den Widerständen der Opposition im Bundesrat koordiniert werden muß, damit sich dort eine Mehrheit bilden kann. Wenn man sich das Zusammenwirken etwa bei einer Finanzreform vorstellt und dazu die Bedienung von Ländern mit Sonderzuweisungen mit einbezieht – wie sollen bei dieser Gemengelage klare Verhältnisse entstehen?

Genau da wäre übrigens mein erster Ansatz für eine Lösung. Wir brauchen eine Reform des Grundgesetzes mit einer stärkeren Unabhängigkeit der Länder, einer echten Wettbewerbssituation zwischen ihnen. Wir müssen die vielen Fördertöpfe abschaffen und uns vor allem an der Einwohnerzahl orientieren. Und wenn dann die leistungsfähigen Länder wirklich im Wettbewerb um die besten Lösungen miteinander ringen, bekommen wir eine Dynamik in der Reformbereitschaft, wie wir sie in Deutschland lange nicht mehr gesehen haben. In der Wirtschaft nennt man das „Benchmarking". Wettbewerb heißt immer Benchmarking.

Seit die Hochschulen Benchmarking betreiben, ist zu beobachten, wie betroffene Universitäten reagieren, obwohl das noch gar keine Folgen hat. Das wird aber nicht lange so bleiben. Die Entwicklung bei den Finanzen wird sehr schnell dazu führen, daß bei den Universitäten ein richtiger Wettbewerb entsteht. Die Zentralstelle für die Vergabe von Studienplätzen dürfte es unter diesen Umständen nicht mehr lange geben.

All das wird die Politik nicht aus innerster Überzeugung heraus angehen, es wird ihr von außen aufgedrängt. Internationalisierung hat immer einen Vorteil: Alles wird vergleichbar und konkurriert miteinander. Als Helmut

Kohl Bundeskanzler und Rudolf Scharping Oppositionsführer war, konnte ich sagen: „Die Kinder des Bundeskanzlers und die des Oppositionsführers studieren alle in Amerika." Womit nachgewiesen wird, wie gut unser deutsches Bildungssystem ist – und vor allem, wie sehr unsere Politiker eben seinen Einrichtungen vertrauen, für die sie die Verantwortung tragen.

Die Privatuniversitäten werden dann erfolgreich sein, wenn die öffentlichen sich nicht bewegen. Ich bin der Meinung, daß die öffentlichen Universitäten so viel leisten wie die privaten – übrigens auch in Amerika: Die University of California ist so erfolgreich wie Stanford. Das Entscheidende ist doch, daß die Studenten dorthin wollen, wo sie die beste Ausbildung bekommen. Man sollte das Hochschulrahmengesetz vergessen und die Länder einfach machen lassen, was sie wollen. Dann werden erstens Universitäten existieren, die keine Studiengebühren erheben und keine Studenten haben, und zweitens Universitäten mit hohen Studiengebühren, wo jeder hin will, weil sie einfach so gut sind.

Menschen, nicht Maschinen bestimmen den Betriebswert

Inzwischen gründen fast alle größeren Unternehmen eigene Akademien. Denn die Jagd um die besten Köpfe steht bei der Altersentwicklung in Deutschland schon auf dem Programm. Wir schlagen uns in wenigen Jahren um die besten Absolventen der Universitäten, und wir werden denen alles bieten. Die JENOPTIK wird sich von diesem Jahr an schon die ersten Studenten suchen und ihnen anbieten, in den nächsten fünf Jahren den MBA in Amerika zu machen oder in unsere Büros in Asien zu gehen, um sich dort weiterzuqualifizieren. Wir wollen die besten Köpfe haben, und für die geben wir viel Geld aus. Denn heute ist ohnehin nicht mehr wichtig, was in unseren Bilanzen steht. Was interessieren denn das Anlagevermögen oder die Rückstellungen von gestern? Wenn ich heute ein Unternehmen kaufe, sehe ich mir die zwanzig besten Köpfe an, und wenn die gut sind, wird das Unternehmen gekauft, weil die Menschen den Wert des Unternehmens darstellen, nicht die Maschinen.

Der nächste Punkt ist die Transparenz. Ich habe das Gefühl, daß die Politik inzwischen ein gewaltiges Interesse daran hat, die Wahrheit mancher Probleme nicht ans Tageslicht treten zu lassen, weil sonst ihre politische Handlungsfähigkeit angesichts der Größe des Problems angezweifelt würde. Betrachten wir ganz banal das Rentenproblem. Das Problem der Rentenreform ist absolut unpolitisch und die Ausgangslage denkbar einfach: In der Kasse ist nichts drin. Es gab bisher keine Kapitaldeckung. Die wurde jetzt durch einen „Schritt in die richtige Richtung“ erstmals eingeführt. Und: Die Leute werden sieben Jahre älter als zu dem Zeitpunkt, als die Rentenformel entwickelt wurde. Das begreift jeder. Nur, denselben Leuten haben wir vor kurzem noch versprochen, daß die Renten sicher sind. Wobei jeder, der genau gerechnet hat, wissen müßte, daß sie nicht sieben Rentnerjahrgänge, die sie zu viel haben, aus einer Kasse bezahlen können, in die immer weniger einzahlen. Also war absehbar, daß dieses System ohne eine grundlegende Reform nicht funktioniert.

Man hat dann versucht, verstärkt höhere Einkommensgruppen für das kollektive System heranzuziehen. Inzwischen wissen wir, daß die Beitragszahlerseite gar nicht funktionieren kann. Denn heute gehen die Leute nicht mehr mit 14 in die Lehre und stehen somit als Beitragszahler zur Verfügung. Nein, die kommen mit 28 von der Universität und gehen nicht mehr mit 65 in den Ruhestand, sondern mit 60 in den Vorruhestand. Und dann leben sie nach den letzten Sterbetafeln noch einmal drei Jahre länger.

Inzwischen ist das größte Wachstum von Arbeitsplätzen, nach der Aussage der Regierung, bei der Biotechnologie zu verzeichnen. Wir veranstalten überall Biotechnologiewettbewerbe mit dem Ziel, möglichst viele Arbeitsplätze mit neuen, modernen Produkten und Dienstleistungen zu schaffen, die den Menschen ein noch längeres und besseres Leben garantieren sollen. Wenn diese Unternehmen erfolgreich sind, verschärft sich das Problem mit den Beitragszahlern. Was also können wir tun? Sollen wir die Renten senken? Oder sollen wir sie langsamer steigen lassen und dafür die Beiträge erhöhen? Irgendwann müssen wir dann eine gewaltige Lücke füllen, weil die Lebensentwürfe unserer jungen Generation keine Chance bieten, eine in der Produktionsgesellschaft entstandene solidarische kollektive Versicherungssystematik durchzuhalten.

Trotzdem wird den Leuten nicht ehrlich gesagt, daß da eine Deckungslücke ist. Dabei ist die Lösung schon klar. Irgendwann nämlich wird die Mehrwertsteuer auf europäisches Niveau gebracht, und die Politiker werden es damit rechtfertigen, der Druck zur Vereinheitlichung in Europa sei so groß, daß man sich dem nicht entziehen könne. Und die Mehreinnahmen – es dürften dann so 16 bis 18 Milliarden pro Jahr sein – werden im Rahmen der nächsten Steuersenkung zum Ausgleich der Rentenkasse genutzt.

So ähnlich hat es ja die Bundesregierung mit der Ökosteuer gemacht. Da wurde gesagt: „Wir senken die Lohnnebenkosten." Was übrigens in Deutschland niemand kann. Das ist eine der vielen Versprechungen in der Politik, die nie einzuhalten sind. Aber da sie es versprochen hat, beschafft sich die Regierung das Geld über die Ökosteuer. Da müßten die Leute ja eigentlich glücklich sein. Zum einen wird der Industrie der Wunsch nach Senkung der Lohnnebenkosten erfüllt und zum anderen den Ökologen geholfen, also den Grünen. Allerdings werden gerade die Industriezweige wieder herausgenommen, die furchtbar viel zahlen müßten.

Ich will an dem Beispiel nur zeigen, wie die Politik Probleme zudeckt, statt sie mit den Leuten in großer Offenheit zu diskutieren. Wenn Sie an der Tankstelle mit jemanden reden und ihm sagen, daß er jetzt mehr Mineralölsteuer bezahlen muß, dafür aber eine bessere Autobahn und eine schnelle Zugverbindung bekommt, dann läßt der wahrscheinlich mit sich reden. Wenn ich ihm aber sage: „Hör mal, du mußt mehr für das Benzin zahlen wegen deiner Altersvorsorge", antwortet er: „Ich bin Beamter, ich will eine andere Tankstelle." Mit anderen Worten: Steuern sind generelle Deckungsbeiträge des Staates. Wenn Steuern und Sozialversicherungsbeiträge vermischt werden, führt dieses Verwirrspiel zu nichts anderem als zu einem Vertrauensverlust in die Politik. Wie die Rentenreform aussieht, wissen inzwischen alle. Die Frage ist nur, wie schnell man die Privatversorgung aufbaut und das kollektive System herunterfährt. Ich sage voraus, daß die Rentenreform alle paar Jahre wieder korrigiert werden muß. Vielleicht am Anfang nur alle vier Jahre, dann alle zwei Jahre und schließlich jedes Jahr. Und jedes Mal machen wir mit der Rentenreform wieder einen Schritt in die richtige Richtung – halt eine „Rösselsprung-Rentenreform".

Durch Steuern kann man Standortpolitik betreiben, aber eben nicht die ganzen Lebensprobleme einer Gesellschaft lösen. Unser Steuerrecht ist deshalb so kompliziert, weil man immer wieder versucht hat, Dinge, die gar nichts mit dem Deckungsprinzip des Staates zu tun haben, einfach mit zu verpacken. Ohne auf Einzelheiten einzugehen, will ich feststellen, daß wir hier einen Umbau und eine Vereinfachung dringend benötigen.

Ein Konzernsitz auf einer Plattform im Pazifik

Damit komme ich zu dem für mich wichtigsten Punkt, aus dem ich Hoffnung schöpfe, nicht aus der politischen Gestaltungskraft unserer politischen Parteien, sondern aus der Globalisierung und der daraus entstehenden Dynamik. Vor allem beim Steuersystem wird ein enormer Druck entstehen, und man wird sehen, wie schnell wir zu einer Verlagerung der einkommensbezogenen Steuern hin zu Verbrauchssteuern kommen.

Warum? Nehmen Sie als Beispiel die Körperschaftssteuer. Ich will Ihnen ein Märchen erzählen, damit niemand sagen kann, ich hätte behauptet, das sei so. Betrachten Sie also einen großen Konzern – ich nehme einfach einmal Daimler-Chrysler als nicht vorhandenes Beispiel. Eines Morgens kommt im Vorstand der Vorschlag, für viel Geld die zehn besten Völkerrechtler und Steueranwälte der Welt einzustellen. Sie setzen sich einmal im Jahr hin und überlegen, wie sie das Unternehmen körperschaftssteuerfrei machen können. Da gibt es ja viele Überlegungen. Sie können einen Konzernsitz auf einer Plattform im Pazifik etablieren. Das verpackt man als Steuerabschreibungsmodell. Ich bin überzeugt, daß sich genügend Interessenten finden. Und statt nun nach Öl zu bohren, setzt man dort die Finanzzentrale mit ein paar Computern drauf. Die läßt sich fernsteuern. Man braucht nur eine Wartungsmannschaft wie bei einer Ölplattform. Und dann bin ich einmal gespannt, welches Finanzamt der Welt für diese Plattform zuständig ist – in internationalen Gewässern nämlich keines.

Bei Daimler geschieht nun die Entwicklung der Autos wie auch die Wertschöpfung im wesentlichen im Internet. Die Ingenieure und Datenexperten sind aus allen Ländern der Welt und arbeiten per Internet an einem solchen Projekt. Über Verrechnungspreise wird so lange daran gefeilt, bis in Hochsteuerländern nichts mehr an Wertschöpfung entsteht. Was passiert, wenn diese zehn Anwälte und Völkerrechtler beim Finanzamtsvorsteher in Stuttgart-Bad Cannstatt, Abteilung Körperschaftssteuer, vorfahren und 80 Ordner abladen, in denen lückenlos bewiesen wird, daß hier keine Wertschöpfung passiert? Wer sich einmal die Entwicklung der Körperschaftssteuer ansieht, dem wird klar, daß wir auf dem besten Wege sind, daß ein derartiger Fall eintreten könnte.

Ich nenne ein zweites Beispiel – auch ein Märchen. Derselbe Konzern kommt beispielsweise auf die Idee, in Europa einen Pick-Up zu bauen – diesen kleinen Lastwagen, den die amerikanischen Mittelständler so mögen. Da wirft man einfach sein Zeug drauf, was man in Deutschland nicht gern hat, weil man lieber eine Plane drüberspannt. Es geht ja schließlich den Nachbarn nichts an, was man auf seinem Lastwagen befördert.

Aber jetzt hat ein Meinungsforschungsinstitut herausgefunden, daß die jungen Europäer auch locker werden und die Plane nicht mehr brauchen. Also soll ein Pick-Up in Europa gebaut werden, weshalb nach dem besten Standort Ausschau gehalten wird. Einen Computer füttert man mit allen relevanten Fragen: Wo sind die Kunden; wo ist die Kaufkraft; wie sehen die Verteilersysteme aus usw.? Dann heißt es: Was kostet die Investition, wie hoch sind die Löhne, wie hoch ist die Produktivität, wie hoch sind die sozialen Kosten, wie stabil ist die Regierung? Beim letzten Punkt gibt man für Italien immer 16 Monate ein, für Deutschland bis zu 16 Jahre – das Programm wird hoffentlich bald umgeschrieben.

Schließlich wirft der Computer z.B. Barcelona oder Dublin aus. Daraufhin gehen die Daimler-Mitarbeiter zu jeder Stadt, die die Fabrik gern hätte und sagen: „Ihr könnt die Fabrik haben. Ihr müßtet nur mit den Gewerkschaften über die Löhne verhandeln oder entsprechende Subventionen geben oder das Grundstück schenken oder auf die Gewerbesteuer verzichten." Die Deutschen antworten: „Das geht alles nicht." Aber nehmen Sie doch mal die Diskussion um die Chipfabriken in Ostdeutschland. Plötzlich können Sie mit allen verhandeln – sogar mit den Gewerkschaften, wenn Sie sagen: „Die Fabrik kommt, oder sie kommt woanders hin."

Was passiert eigentlich mit unserem demokratischen Selbstverständnis, wenn unsere Spielregeln verhandelbar sind? In Asien kann man in jedem Land über die Spielregeln verhandeln. Ich bin nicht sicher, ob die Entwicklung darauf hinauslaufen wird, daß auch in Deutschland alles verhandelbar wird. Hätten die Länder bei solchen Entscheidungen noch mehr Spielraum, würde man sich wundern, wie viele Industrieansiedlungen die Ministerpräsidenten zustande brächten. Das wäre Wettbewerb. Den kann man wollen oder nicht, aber der Druck wird von außen so unglaublich wachsen, daß gar nichts anderes übrigbleibt. Wir werden ein Benchmarking der Spielregeln einzelner Standorte erleben. Der Druck, der daraus entsteht, wird das Ganze verändern.

Und deshalb werden wir auch Tabus brechen. Tabus heißt, wir Deutschen reden über bestimmte Dinge, als ob sie anders wären, als sie sind. Dazu zählt zum Beispiel die flexible Arbeitswelt. Im Osten reden wir darüber, daß eine Lohnanpassung an den Westen erfolgen muß. Tariflich ist dies auch schon beinahe passiert. Nur, wer zahlt im Osten noch Tarif?

Ich hoffe auf zwei Dinge: erstens, auf die Tatsache, daß der Druck von außen die Politiker zum Tempo anfeuert, und zweitens, daß der politische Druck von innen, der durch die Folgen der Nichtreform entsteht, das gewaltig verstärkt. Die Leute spüren nämlich jetzt langsam, daß Reformtempo und Reforminhalt unzureichend sind. Sie werden irgendwann den Politikern Vertrauen schenken, die ihnen die Reform bescheren, und nicht mehr denen, die ihnen versprechen, es gäbe zwar Reformen, aber sie würden an ihnen spurlos vorbeigehen. Jeder hofft, daß alles gut für ihn abläuft und ihm kein Opfer zu groß ist, das sein Nachbar für ihn bringt. Ich glaube, daß wir einen Stimmungsumschwung bekommen; vor allem von einer jungen Generation, die mit dieser Art von Perfektion im Staat nicht mehr leben möchte. Eine Generation, die Lust hat zum Risiko und bislang daran gehindert wird, ihre Lebenslust – zu der auch Risikobereitschaft gehört – auszuleben. Ich meine deshalb, daß wir einen anderen, neuen, öffentlichen Dialog brauchen und daß wir auch wieder mehr Vertrauen in die Wissenschaft brauchen.

Eines hat die Wissenschaft selbst verschuldet – nämlich, daß man in vielen Fällen für jede Meinung einen wissenschaftlichen Gutachter aufbieten kann. Früher sind die alten Germanen mit Keulen aufeinander losgegangen. Heute gehen sie mit Gutachtern aufeinander los. In dieser Gutachterwelt findet jeder zu jedem Thema für jede Meinung irgendeinen Gutachter, der öffentlich auftritt und sagt: „Jawohl, das ist ganz anders, als mein Kollege sagt." Damit verlieren die Leute das Vertrauen auch zu den Wissenschaftlern, die sich nicht dazu hergeben, zweifelhafte Thesen zu vertreten. Wenn die Leute den Politikern mißtrauen, ist das noch verständlich. Aber wenn sie auch der Wissenschaft unter dem Aspekt mißtrauen, sie sei eine Interessengruppe wie jede andere, dann geht etwas von dem verloren, was eine moderne komplexe Gesellschaft braucht, nämlich – ich zitiere den Philosophen Hermann Lübbe – der „Sozialkitt des Vertrauens". Lübbe hat einmal gesagt: „Wenn die Menschen kein Vertrauen mehr zueinander haben, also zunächst zur Wissenschaft und dann auch zur Politik, dann fehlt der Sozialkitt, der eine Gesellschaft zusammenhält."

Das ist nicht nur in Deutschland so. Heute sind Deutschland und Frankreich die am wenigsten flexiblen und am wenigsten dynamischen Länder der Europäischen Union geworden. Und das sind die beiden, die sich vorgenommen haben, den Kurs Europas zu bestimmen. In vielen kleinen Ländern wie Irland, den Niederlanden, Portugal oder Dänemark, in Skandinavien überhaupt, herrscht eine andere Kultur der Reformbereitschaft und der Diskussion.

Ein weiteres Problem manifestiert sich in der Person und Funktion von Alan Greenspan, der auf seinem Sektor mehr erreichen kann als alle Staatsmänner der Welt zusammen. Dabei ist er von niemandem gewählt und hat kein Mandat. Die Weltmärkte nehmen von den politischen Großkonferenzen kaum mehr Kenntnis, aber wenn Alan Greenspan hustet und sagt: „Ich denke über die Zinsen nach", hat man nur noch wenige Sekunden Zeit, bis die Weltmärkte verrückt spielen. Das müßte den Politikern zu denken geben und sie an ihre Aufgabe erinnern – nicht die Globalisierung zu bekämpfen, sondern die Dynamik der eigenen Gesellschaft wieder herzustellen.

Kein Mut zum Risiko

Die Anschläge vom 11. September 2001 entschuldigen nicht alles

Wir brauchen sofort und sichtbar
eine unpopuläre Politik.

Eine Rezession ist zwar noch kein Unglück, aber sie bringt sowohl den Staatshaushalt als auch das Budget der Bundesanstalt für Arbeit durcheinander. Aber das war schon vor der Berufung von Florian Gerster nach Nürnberg so. Wenn das geplante Wachstum nicht eintritt, fehlen Steuereinnahmen, und die Arbeitslosenkosten erhöhen sich. Hinzu kommt noch, daß die mittelfristigen Aussichten für die weltwirtschaftliche Entwicklung nicht sehr rosig sind. In den USA versucht die Regierung deshalb mit einem milliardenschweren Konjunkturprogramm gegenzusteuern, und auch in vielen europäischen Ländern wird der Ruf nach einem Eingreifen des Staates lauter. Sogar das Umschiffen der Stabilitätskriterien der EU wird schon seit geraumer Zeit nicht mehr nur hinter vorgehaltener Hand diskutiert.

Daß die Terroranschläge vom 11. September eine wesentliche Ursache der weltwirtschaftlichen Schwäche sind, ist unbestritten. Als Entschuldigung kann dies aber kaum gelten. Sicherlich ist es nun naheliegend, mit einem europaweiten Konjunkturprogramm die Wirtschaft aus ihrer Depression herauszuholen. Daß es dafür Spielräume in der Staatsverschuldung gibt, ist sehr wahrscheinlich, zumal die meisten Mitglieder der EU ähnliche Probleme haben.

Aber viel wichtiger ist, daß sich in der schlechten Entwicklung auch die Strafe für die fehlenden Reformen unserer überalterten und müden Wohlstandsgesellschaft zeigt. Schon die christlich-liberale Koalition hat in ihrer letzten Phase keinen Mut zur grundlegenden Veränderung gezeigt – deshalb ist sie auch abgewählt worden. Die neue rot-grüne Regierung hat ihr erstes Regierungsjahr dazu genutzt, die kleinen Reformen zurückzudrehen und den Machtwechsel zu genießen. Im zweiten Jahr hat sie einige mutige Reformschritte getan, um dann die aus den USA kommenden Wachstumsimpulse schon als ihren Reformerfolg zu feiern. Im dritten Jahr mußte sie den die Regierung tragenden Interessengruppen – wie den Gewerkschaften – durch zusätzliche Betriebsbürokratie den Kaufpreis für die Zustimmung zu einer viel zu kurz gegriffenen Rentenreform bezahlen. Im vierten Jahr ist der Reformwille der Verantwortlichen nun endgültig erschöpft.

Aber die Wettbewerber unseres Landes in aller Welt werden nicht warten, bis sich die grünen Selbstfindungsgruppen wieder neu orientiert haben und dann weitere Zeit durch politische Stellungs- und Wahlkampfkriege verbummelt sein wird. Wir brauchen vielmehr sofort und sichtbar – wahrscheinlich für ganze acht Jahre – eine unpopuläre Politik. Die Menschen auf der Straße wissen das, die Politiker wissen das natürlich auch – allein, es fehlt der Mut zum Risiko. Und immer deutlicher werden die Folgen sichtbar.

Die Rentenbeiträge steigen, weil die Kalkulation der neuen Rentenversicherung ein Sieg der Hoffnung über die Erfahrung Adam Rieses war. Die Krankenkassenbeiträge steigen ebenfalls weiter, weil dauernd und glücklicherweise neue Medikamente und Heilverfahren entwickelt werden, die zwar teuer sind, aber die Lebensqualität deutlich erhöhen und die Menschen noch älter werden lassen. Das aber geht nur mit einem Krankenversicherungssystem, das den Menschen klarmacht, daß sie mehr Geld für ihre Gesundheit ausgeben müssen und das nur mit Konsumverzicht in anderen Bereichen beantworten können. Es geht nicht mit einer fragwürdigen Gesundheitsreform und der Forderung nach besserer Lebensqualität bei sinkenden Lohnnebenkosten!

Die wichtigsten Reformen im Bildungs- und Qualifizierungsbereich gelingen nicht, weil seit dem Wettbewerb der deutschen Bundesländer um die besten Schulen und Universitätseinrichtungen die Kultusministerkonferenz und der Weiterbetrieb der zentralen Studienplatzvergabe zu Blockade- und Verhinderungsinstrumenten geworden sind, die den Wettbewerb um die beste Form der Qualifizierung unserer jungen Menschen unterbinden.

Ein unflexibler Arbeitsmarkt, das beanstanden inzwischen alle Fachleute der Welt, hindert Deutschland an wichtigen Fortschritten. Die Regierung erfindet dauernd künstliche Methoden, wie man – zum Beispiel mit dem Job-Aktivgesetz – Arbeitsplätze schaffen könnte, statt die Überregulierung zu beseitigen! Wer die Unternehmer – vor allem die kleinen Mittelständler – immer mehr fesselt, um ihnen dann zu zeigen, durch welche Löchlein, die das

Netz noch hat, sie entwischen könnten, der hat den Unterschied zwischen Ordnungspolitik und überdimensionierter Regulierungswut und Bürokratie nicht begriffen.

Noch einmal: Der 11. September kann mit vielen unserer akuten Probleme in Verbindung gebracht werden, zu viele davon hat er jedoch nicht ausgelöst, sondern nur ans Tageslicht gebracht! Es bedarf keiner aktionistischer Konjunkturprogramme, sondern einer mutigen Politik. Diese ist heute genauso überfällig, wie sie es schon vor Jahren war.

Der überregulierte Staat

Wird das Primat der Politik durch die Dominanz der Wirtschaft abgelöst?

Wir müssen in Deutschland begreifen, daß Qualität nicht einfach verordnet werden kann.

Hohe steuerliche Belastung, kollabierende Sozialversicherungssysteme und ungezügelte Regulierungswut belasten Deutschlands Weg in das Globalisierungszeitalter. Gleichwohl ist den meisten inzwischen klar, daß wir eine stets globaler agierende Wirtschaft bekommen werden. Sie wird immer weniger Rücksicht auf nationale und regionale Wirtschaftspolitik nehmen können, so daß die Befürchtung, der Staat mutiere zu einem „Nachtwächterstaat", von vielen inzwischen laut vorgebracht und geglaubt wird.

Die Auswirkungen der Globalisierung werfen also die Frage auf, welche Aufgaben ein Staat, ohne ein gewisses Maß an Steuerungsfähigkeit zu verlieren, in Zukunft erfüllen kann und muß. Die Konsequenz dieser Erkenntnis lautet: Der Staat muß in seinen Zuständigkeiten neu gedacht und abgegrenzt werden. Dabei müssen auch seine sozialen Funktionen auf den Prüfstand gestellt und auf den Kern zurückgeführt werden – schon allein deshalb, weil wir feststellen, daß die finanzielle Verfügungsmasse, die durch öffentliche Hände läuft und verteilt wird, nicht mehr in gewohntem Umfang vorhanden ist.

Das im internationalen Vergleich hohe Maß deutscher Verwaltungstätigkeit geht auf zwei unterschiedliche Probleme zurück: ein hohes Aufkommen an Verwaltungs- und Regulierungsaufgaben und die aufgeblähte Organisationsstruktur des öffentlichen Sektors. In der Diskussion um eine effiziente öffentliche Verwaltung geht man viel zu häufig davon aus, daß alles, was dort geregelt ist und mit zum Teil enormem Aufwand geprüft und verwaltet wird, grundsätzlich und immer den Vorrang vor allen anderen Zielen hat. Das Prinzip der Normenbefolgung beherrscht die Organisationskultur. Das ist ein typisch deutsches Problem. Wir müssen uns aber heute mit der Tatsache auseinandersetzen, daß sich im Laufe der durchlebten Wohlstandsjahrzehnte eine Überregulierung eingeschlichen hat, die unsere öffentliche Verwaltung ineffizient werden ließ.

Diese Ineffizienz hat unmittelbare Auswirkungen auf die Unternehmen in Deutschland und deren innovative Entwicklungskraft. Ein Genehmigungsverfahren für eine Chemieanlage beispielsweise erfordert es, rund 2000 Gesetze, Verordnungen und Richtlinien, für welche die unterschiedlichsten Behörden zuständig sind, zu erfüllen. Allein beim Unternehmen BASF sind 200 Mitarbeiter ausschließlich damit beschäftigt, die entsprechenden Unterlagen zum richtigen Zeitpunkt den jeweiligen Behörden zuzuleiten.

Gesellschaftlicher Wohlstand kann nur in einer innovativen Wirtschaft erreicht werden. Die Beschränkung auf eine restriktive Lohnpolitik würde uns ziemlich schnell in die Mittelmäßigkeit führen. Um in der Welt ganz vorne, wo hohe Gewinne erzielt und hochdotierte Arbeitsplätze geschaffen werden, mitspielen zu können, brauchen wir ein System mit Freiräumen für kreative Innovatoren, das der Globalisierungsdynamik standhält.

Das Gebot der Stunde heißt also: Freiräume schaffen – Freiräume, die sowohl die Handlungsfähigkeit der Politik als auch die der Wirtschaft erhöhen. Der Kurs der Deregulierung und Privatisierung mit dem Ziel, die Belastung von Bürgern und Unternehmen zu reduzieren, muß deshalb konsequent fortgesetzt werden. Die veralteten, ineffizient gewordenen Organisationsstrukturen der öffentlichen Verwaltung müssen auf den Stand einer modernen Dienstleistungsgesellschaft gebracht werden. Dabei kommt man schnell zu der Erkenntnis, daß ein Staat seine Dienstleistungen in fast allen Bereichen genauso organisieren kann wie ein Unternehmen. Die Erfahrung zeigt, daß Menschen unter den positiven wie negativen Anreizen einer Wettbewerbssituation ein deutlich höheres Maß an Einfallsreichtum, Fleiß und Kundenorientierung hervorbringen.

Ein Ansatzpunkt ist daher, all das, aber auch nur das dem Wettbewerb auszusetzen, was sich dafür prinzipiell eignet. Und da gibt es eine Menge Möglichkeiten. Allerdings muß man in diesem Zusammenhang zwei Dinge entscheiden – nämlich zum einen die Frage, welches Organisationsprinzip wende ich an, und zum anderen, wem gebe ich das Eigentum in die Hand, um dieses Organisationsprinzip zu übernehmen. Allerdings will ich vor einer Überschätzung der Bedeutung von Eigentumsfragen warnen. Bei der Privatisierung geht es in erster Linie um die Frage des Organisationsprinzips und dann erst um die Frage des Eigentums. Betrachtet man das Beispiel einer GmbH, deren Anteile in öffentlicher Hand liegen, so wissen wir, daß sie ebenso erfolgreich sein kann, wie wenn sie nicht von der öffentlichen Hand getragen wird. Probleme entstehen aber dann, wenn der Gesellschafter mit der Übergabe in private Hände glaubt, er könne weitermachen wie bisher. Dann ist das eigentliche Ziel mit Sicherheit verfehlt.

Selbstverständlich gibt es Grenzen der Wettbewerbsstrategie. Sie liegen beim öffentlichen Kernbereich der hoheitlichen Verwaltung. Bei Justiz und Polizei beispielsweise ist das Wettbewerbskonzept nicht anwendbar. Sofern man jedoch die öffentliche Hoheitsfunktion außen vor läßt, tun sich auch hier noch Möglichkeiten einer Effizienz steigernden Wettbewerbsstrategie auf. Man denke insbesondere an die öffentlichen Gebäude, die man in irgendeinem Fonds, wo sie privatwirtschaftlich gemanagt werden, zusammenfassen könnte. Da könnte man Facility-Management-Aufträge erteilen und sich beispielsweise durch den Einbau einer Abschreibungsstruktur die Vordeckung durch den öffentlichen Haushalt ersparen.

Das Haushaltsrecht insgesamt bedarf einer konzeptionellen Überarbeitung. Wenn wir keine geeigneten Formen für schnellere Anpassungsprozesse finden, und zwar nicht im Sinne der Anpassung an die Ökonomie, sondern im Sinne der Anpassung an die Erfordernisse einer Gesellschaft unter neuen internationalen und globalen Bedingungen, dann könnte es sein, daß die Politik ihren momentan noch vorhandenen Aktionsraum mehr und mehr verspielt. Statt aber diesen Zustand zu ändern, beklagen wir lieber die Übermacht der Wirtschaft gegenüber der Politik. In Wahrheit sind wir eher bereit, der Ökonomie ihre Kraft zu nehmen, damit sich der Staat nicht verändern muß, als das politische System gegenüber der Wirtschaft wieder steuerungsfähig zu machen.

Wer nicht will, daß das Primat der Politik durch die drohende Dominanz der Wirtschaft abgelöst wird, darf die Herausforderung der Globalisierungsdynamik nicht ignorieren. Die Bewältigung der neuen Herausforderungen setzt einen handlungsfähigen Staat voraus. Ein ausufernder Staat ist kein starker Staat. Die Deutschen sind berühmt für ihre Regulierungswut! Sie müssen jedoch begreifen, daß Qualität nicht einfach verordnet werden kann – Wirtschaftswachstum schon gar nicht. Letzten Endes sind es die Menschen, die im Rahmen einer soliden Ordnungspolitik ihre Freiräume nutzen wollen und zu nutzen wissen und auf diesem Wege der gesamten Gesellschaft zu Wohlstand verhelfen.

Wir brauchen mehr Experimente

Man braucht ja nicht gleich alles über Nacht zu verändern

Laßt uns zur Tugend des Tüftelns zurückkehren!

„Keine Experimente“ war ein Wahlslogan Adenauers und signalisierte den Bürgern und Wählern, man solle vom Erreichten nichts aufs Spiel setzen.

Niemand bestreitet, daß in der Nachkriegszeit erfolgreiche Unternehmen mit einsatzbereiten Mitarbeitern, einer zielstrebigen Politik und stabilen Sozialpartnern das deutsche Wirtschaftswunder geschaffen hatten. Es ging aufwärts in Deutschland. Die Lebenssituation fast aller Bürger verbesserte sich nachhaltig, und immer mehr staatliche Leistungen schafften ein breites Netz sozialer Sicherheit – eben den Wohlfahrtsstaat. Warum sollte man das aufs Spiel setzen? Deshalb wurde der Wahlslogan „Keine Experimente“ durch den Slogan „Sicherheit für alle“ von den Volksparteien zum politischen Ziel erklärt.

Nun ist alles unsicher geworden – die Arbeitsplätze nehmen ab, Stabilität ist nicht mehr so wichtig wie Flexibilität, die sozialen Sicherungssysteme werden brüchig, die neuen Informationstechnologien verkürzen die Verfallsdaten des Wissens. Die Internationalisierung schafft nicht nur Unsicherheit in der Wirtschaft, sondern auch an den Bildungsstätten. Der Staat mit seinen immer mehr gewachsenen Zuständigkeiten für das Wohlbefinden seiner Bürger ist nicht mehr finanzierbar. Jeder spürt: So schaffen wir die Zukunft nicht.

Die Reformprojekte bei Steuern, sozialen Sicherungen im Hochschul- und Bildungswesen, in der Verkehrspolitik, bei der Telekommunikation, bei der Umstrukturierung der umfassenden öffentlichen Fürsorge werden immer und überall diskutiert. Aber warum geschieht so wenig? Alle sind sich einig, man kann nicht die Gesellschaft von heute auf morgen radikal verändern. Man weiß oft am Beginn zu wenig über langfristige Folgen der geplanten Reformen und Veränderungen. Aber was fehlt, ist der Mut zum Experiment.

Man braucht ja nicht gleich die Struktur aller Hochschulen über Nacht zu verändern. Aber warum läßt man nicht in jedem Bundesland eine Hochschule experimentieren – mit pauschalen Finanzzuweisungen, mit der Möglichkeit, sich Drittmittel und Sponsorengelder zu beschaffen, die Professoren nicht zu verbeamten, im Umfeld der Hochschule mit der Gründung von Unternehmen zu experimentieren, an denen sich Hochschullehrer, Assistenten und Studenten beteiligen können. Warum ist man so ängstlich, wenn wieder einmal eine private Universität in den Wettbewerb zu den öffentlichen treten will? Warum keine Experimente?

Warum plant man überall die gleiche Struktur von Messen? Warum hat man zum Beispiel in Stuttgart lange Zeit mehr über die Frage des Standorts als die Inhalte der Messe diskutiert? Braucht die Messe von morgen noch dieselben Flächen für die Produktausstellung oder wird sie nicht mehr ein Kommunikationsplatz, der hochintelligente Konferenz- und Mediengebäude braucht und dessen Ziel weniger die Produktschau als die Kommunikation über neue Entwicklungen ist?

Ich habe auf einer Messe in Frankfurt viele schwäbische Tüftler gesehen, viele Designer und Formenbauer. Es gab nicht so furchtbar viele Ausstellungsstücke, aber dafür mehr Kommunikationseinrichtungen, wo man darüber diskutiert und philosophiert hat, was Wirtschaft und Verbraucher morgen haben wollen.

Warum nicht neue Experimente in den Schulen, in Kunst und Kultur, im Verkehrswesen? Und warum keine neuen Experimente auf dem Arbeitsmarkt? Warum organisieren wir den Arbeitsmarkt einer Produktionsgesellschaft, wo schon feststeht, daß in zehn bis fünfzehn Jahren noch zwanzig Prozent der Bevölkerung in der Produktionswirtschaft tätig sind? Wenn achtzig Prozent unserer Mitbürger im Dienstleistungsbereich in Teilzeit, in Teilselbständigkeit, auf Telearbeitsplätzen arbeiten und nur noch jeder zweite einen Arbeitsplatz mit Tarifstrukturen hat, werden die jetzigen Spielregeln für den Arbeitsmarkt nicht mehr gelten können.

Wer jetzt nicht experimentiert und sich damit das Wissen für die Bedürfnisse der Zukunft schafft, läßt den Reformstau so lange wachsen, bis die Stabilität gefährdet sein könnte. Laßt uns zur Tugend des Tüftelns und Experimentierens zurückkehren!

Leben im Glashaus

Politiker neigen eher zum Verfolgen als zum Verzeihen

Eigentlich müßte Ströbele über seine eigene Zeit als Anwalt von Angehörigen einer kriminellen Vereinigung nachdenken!

Die Diskussion um die Vergangenheit von Joschka Fischer und Jürgen Trittin hat mich beschäftigt, weil hier zwei widersprüchliche Überlegungen zusammenkommen und ich mich nicht für eine Richtung entscheiden kann. Fest steht, daß die Sache nicht damit abgetan ist, daß die Betroffenen und ihre Freunde den Eindruck erwecken, es sei damals eine gesellschaftliche Revolution in Deutschland im Gange gewesen. Deshalb seien heute die Auseinandersetzungsmethoden eben in einem anderen Licht zu betrachten, und die Strafrechtstatbestände – wie Körperverletzung, Landfriedensbruch usw. – seien läßliche Sünden gewesen. Das ist einfach nicht wahr.

Ich habe meine eigenen Erinnerungen an diese Zeit. Hanns-Martin Schleyer gehörte zu meinen engsten Freunden und Förderern. Ich habe viel von seiner Fähigkeit gelernt, Wirtschaftsführer zu sein und gleichzeitig ein Gesellschaftsmodell zu vertreten, das neben Freiheit und Gleichheit die Brüderlichkeit und die menschliche Wärme – auch im Arbeitsleben – in den Mittelpunkt stellt. Und der legendäre Willi Bleicher, Führer der IG Metall und bekennender Sozialist, ließ menschlich auf Hanns-Martin

Schleyer nie etwas kommen. Trotzdem wurde dieser zur Personifizierung des sogenannten schmutzigen Kapitalismus.

Ich habe bei meinen Besuchen im Herbst 1977 erlebt, was Trutsch Schleyer und ihre Familie durchlitten, habe Hoffen, Bangen und Verzweiflung erlebt, die Hilf- und Sprachlosigkeit bei der Trauerfeier für die erschossenen jungen Polizeibeamten. Ich habe bei der Trauerfeier für Hanns-Martin Schleyer den damaligen Bundeskanzler Helmut Schmidt erlebt, der die Staatsraison wahrte, aber den Preis ahnte, den der Staat, um wehrhaft zu bleiben, von unschuldigen Bürgern einverlangte. Da kann es keine nachgeschobenen Erläuterungen geben.

Und trotzdem, das Strafrecht sieht Verjährung vor, und mit der persönlichen Schuld müssen Fischer und Trittin – wie viele andere Mitbürger – leben. Beiden nehme ich ab, daß sie ihr Verhalten heute gerne ungeschehen machen würden. Aber brauchte es dabei dann so umwundener Erklärungen? Warum mußten Erinnerungslücken herhalten? Wäre nicht das offene Wort besser gewesen: „Entschuldigung, wir haben gelernt und wissen heute, daß diese Methoden den freiheitlichen Staat bedroht haben. Und wir wissen aus unserer heutigen Verantwortung, daß Freiheit und Demokratie die Einhaltung der Spielregeln von allen erfordern." Haben sie nicht bei aller Kritik an politischen Ansichten und Entscheidungen bewiesen, daß sie politische Verantwortung tragen können und zu Kompromissen fähig sind? Warum konnten sie früher in größerer Nähe zu den Ereignissen von damals politische Verantwortung (notfalls in Turnschuhen?) übernehmen und sollen heute als Verantwortungsträger nicht tragbar sein?

Das ehrliche Bekenntnis zum Fehlverhalten und nicht der Versuch, eine Art Lebensbiographie einer Generation vor dieses Verhalten zu stellen, müßte auch bei den Kritikern von Fischer und Trittin die Akzeptanz von Lernbereitschaft auslösen. Solches Angewiesensein auf Vergebung muß selbst das eigene Verhalten beeinflussen. Widerlich finde ich den Chefankläger Ströbele im Untersuchungsausschuß Parteispenden, der einem erfolgreichen Bundeskanzler, der ein Fehlverhalten einräumt, sich dafür entschuldigt und Wiedergutmachung betreibt, mit Schaum vor dem Mund seine staatsmännischen Verdienste entreißen und ihn kriminalisieren will. Eigentlich müßte Ströbele über seine eigene Zeit als Anwalt von Angehörigen einer kriminellen Vereinigung nachdenken!

Politiker sind eben eher zum gnadenlosen Verfolgen des politischen Gegners geeignet als zum christlichen Verzeihen. Es ist gut, daß strafrechtlich relevantes Fehlverhalten von unabhängigen Gerichten (im Zweifel zugunsten des Angeklagten) anstelle von politischen Untersuchungsausschüssen (im Zweifel muß etwas hängen bleiben) beurteilt wird. Und beruhigend ist, daß die Bevölkerung bei Umfragen relativ leidenschaftslose Urteile fällt.

Schon immer war es für einen politischen Führer der größte Erfolg innerhalb seiner Partei oder Fraktion, wenn er mit einer leidenschaftlichen Rede den politischen Gegner so in Bedrängnis brachte, daß für alle sichtbar eine Schlacht für die eigene Anhängerschaft gewonnen wurde.

Der Jubel im Plenarsaal, auf dem Parteitag oder im Fraktionszimmer tut gut und stärkt die politische Kampfkraft. Hatte ich solche Erfolge, war ich oft am nächsten Tag enttäuscht, wenn die objektiven Beobachter zu abgewogeneren und weniger begeisternden Wertungen gekommen sind. Und zunehmend entdeckte ich, daß das Vertrauen der Bevölkerung und der Wähler gar nicht so sehr davon abhing, wie rhetorisch ich meine eigenen Anhänger befriedigt hatte, sondern wie die dringenden Probleme gelöst wurden und wie bei der Abwägung von guten und schlechten Entscheidungen Vertrauen in die politische Führung wuchs.

Da fällt mir ein Begriff ein, den ich früher nie gehört hatte, nämlich die Kampagnenfähigkeit einer Partei. Setzt die neue Medienwelt auch neue Maßstäbe für die politische Auseinandersetzung? Versteht man unter Kampagne, daß man gewissermaßen die Fähigkeit entwickeln muß, wie eine Dampfwalze mit immer mehr vereinfachten Bildern, Schlagzeilen und Bewegungen Kampagnen zu entfachen, bei der eine vernünftige Diskussion durch die Wucht der Schlagzeilen (deshalb heißt es wohl auch Schlagzeile) totgemacht wird?

Müssen wir nicht aufpassen, daß nicht am Schluß eine Kampagne die andere jagt und der Kampf der Politiker (und übrigens auch der Journalisten) um die Schlagzeile von heute und die neue Schlagzeile von morgen nicht das Gemeinwesen beschädigt? Ich fand es großartig, wie nach den Wochen der knallharten Auseinandersetzung zwischen den beiden amerikanischen Präsidentschaftskandidaten um das Ergebnis in Florida an einem bestimmten

Punkt der demokratische Kandidat seine Kampagne abgebrochen hat und für alle spürbar war, es geht jetzt nicht um Sieger und Verlierer, sondern um die Vereinigten Staaten von Amerika. Wäre das in Deutschland auch so ausgegangen?

Der Charme des Konsenses

Die politische Tonart hat sich fast unauffällig gewandelt

Werden die Grünen jetzt zur Spaßpartei?

Gerhard Schröder ist mit dem Slogan angetreten: „Wir wollen nicht alles anders, aber vieles besser machen.“ Wenn man die politische Debatte der letzten Zeit verfolgt, entsteht der Eindruck, in diesem Satz steckte vor allem die Erkenntnis, daß die Politik so vieles gar nicht anders machen kann.

Die Spielräume für Alternativen auf den entscheidenden Feldern der Innenpolitik sind nicht groß. Es geht eher um sachlich zu lösende Probleme als um große ideologische Auseinandersetzungen. Drängt deshalb plötzlich alles zur Mitte? Haben auch die Parteien mehr als ein Jahrzehnt nach der Wende entdeckt, daß die alte Welt der großen Gegensätze von Ost und West, von Freiheit und Sozialismus, von Planwirtschaft und Marktwirtschaft untergegangen ist? Die Wahlergebnisse zeigen, daß die Bürger pragmatische Zukunftslösungen erwarten. Sie werden selbstbewußter und optimistischer, wollen weniger Staat und mehr Spielraum für neue Lebensentwürfe. Das gilt vor allem für die junge Generation!

Trotz der Anstrengungen der Bundesregierung zeigen die Umfragen für die SPD, daß die Bürger dem Kanzler und dem Finanzminister zwar einiges zutrauen, aber große Zweifel haben, ob die Fußtruppen der SPD auch in die richtige Richtung, zur Mitte, marschieren. Große Verbände, wie Teile der Gewerkschaften und der Sozialpolitiker, haben nämlich erhebliche Schwierigkeiten in den Kategorien von New Labour zu denken.

Und die Grünen verabschiedeten sich auf einem Parteitag von der schönen alten Welt ihrer Grundsätze. Der sofortige Atomausstieg wurde politischen Sachzwängen geopfert, und die heile Welt des Pazifismus ist dahin. Der grüne Außenminister mußte nun auch zum Spitzenkandidaten in der Partei werden, weil man sonst in der Medienwelt nicht mehr zum Bürger durchdringt. Aus einer ziemlich mürrischen, die Bedrohungen der Welt beschreibenden Müsli- und Strickstrumpfgeneration kommt plötzlich die Forderung nach mehr Fröhlichkeit und Selbstverantwortung, weil sonst die jungen Leute weglaufen. Werden die Grünen jetzt zur Spaßpartei?

Es fällt noch etwas anderes auf: Die Tonart der politischen Auseinandersetzung wandelt sich fast unauffällig. Wer zum Beispiel Angela Merkel zuhört, stellt fest, daß diese junge Frau ohne die vielen gewohnten dramatischen Worthülsen und das Kampfgeschrei auskommt, ohne daß man Parteienkrieg und Parlamentarismus nicht für möglich gehalten hat. Mit einfachen, offenen und selbstkritischen Argumenten fängt sie die Menschen ein und erklärt, was sie will und warum sie es will.

Gerhard Schröder spricht zwar noch eher die Sprache der bisherigen politischen Auseinandersetzung, bildet aber eine Kommission nach der anderen und versucht, am

Runden Tisch die gesellschaftlichen Kräfte für Problemlösungen einzubinden. Am liebsten überträgt er den Kommissionsvorsitz einem Repräsentanten der Opposition, um den Konsensdruck zu erhöhen.

Vielleicht ist dies alles gar nicht so falsch. Vor allem dann, wenn an den Runden Tischen nicht mehr die Rituale der Verbandsdemokratie ablaufen, sondern nachdenkliche Menschen aus allen Gesellschaftsgruppen versuchen, die beste Lösung für das Gemeinwesen zu erarbeiten. Daß da eine neue Entwicklung im Gang ist, spürt, wer Heute und Gestern vergleicht.

Was die CDU tun muß

Die Wähler wollen die Zukunftskonzepte der Parteien kennen

Die soziale Botschaft heißt: „Liebe deinen Nächsten", aber nicht: „Liebe das Finanzamt oder den Staat und seine Verwaltung."

Die Regierungsbilanz von Rot-Grün haben viele Beobachter der politischen Landschaft intensiv analysiert und dabei Lob und Kritik verteilt. Aber jetzt ist es genug. Wie gut oder schlecht die Regierung bisher war, wie die Parteispendenaffäre die Opposition handikapte – all das interessiert die Wähler nicht mehr. Sie wollen die großen Zukunftskonzepte der Parteien kennen: Wie reagiert die Politik auf die Veränderungen der Gesellschaft, auf die Globalisierung, auf die demographische Entwicklung? Es geht jetzt weniger um Bilanz als darum, Entwürfe sichtbar zu machen.

Deshalb sollten sich die Unionsparteien nicht damit aufhalten, einzelne Entscheidungen nachzuarbeiten. Sie sind gelaufen und nicht wahlentscheidend. Wo also kann sich die Opposition mit der großen Alternative profilieren? Meine Antwort lautet: Beim Thema Bürgergesellschaft! Im Frühjahr 2000 versuchte Gerhard Schröder, es den bürgerlichen Parteien wegzunehmen: Er redete plötzlich viel von der „Zivilgesellschaft", was ja im Grunde dasselbe ist. Die Strategie ist nicht aufgegangen. Weder die Gewerkschaften noch große Teile der SPD können sich für eine Gesellschaftsform begeistern, in deren Mittelpunkt zuerst die Eigenverantwortung des einzelnen und der kleinen Gemeinschaften steht und in der die lenkende Hand des Staates nur notfalls eingreift. Um die Rentenreform durchzusetzen, mußte der Kanzler den Gewerkschaften gewaltige Zugeständnisse bei der Mitbestimmung machen, die in ihrer Problematik von der Öffentlichkeit noch nicht erkannt sind. Am Anfang konnte er noch darauf bauen, daß die ihn tragenden Kräfte um der Macht willen gewaltige inhaltliche Abstriche machten. Diese Bereitschaft erlahmt.

Hier ist der große Angriffspunkt der Union! Der zunehmende internationale Wettbewerb wird alle Gesellschaften bestrafen, die ihr System nicht in Richtung von mehr Marktwirtschaft reformieren. Der Abbau von Regulierungen ist das zentrale Thema für den Wahlkampf 2002. Das betrifft insbesondere den Bereich der Daseinsvorsorge: Es ist die Auseinandersetzung darüber, wie Gesundheitswesen, Schulen und Hochschulen, Altersversorgungseinrichtungen oder so banale Dinge wie Wasser- und Abwasserversorgung aussehen sollen. Nur mit mehr selbständigen und unternehmerisch tätigen Menschen – vor allem im Dienstleistungsbereich – läßt sich der Wohlstand für alle sichern. Gerade auch der für sozial Schwache und Alte.

Trotzdem attackieren die Sozialdemokraten die Idee der Bürgergesellschaft mit dem Argument: „Und wo bleiben die Schwachen?“ Um sich dagegen im politischen Wettbewerb zu behaupten, muß die Union auch eine neue Konzeption für die Sozialpolitik auf den Tisch legen.

Dazu sollte sie zum Beispiel – im Rahmen der kommunalen Nachbarschaft – den Genossenschaftsgedanken reaktivieren. Die wachsende Zahl älterer Menschen, die noch leistungsfähig sind, aber am Arbeitsmarkt bei den regulierten Tarifsystemen keine Aufgabe mehr bekommen, sollte im öffentlichen Bereich eingesetzt werden. Der zweite Arbeitsmarkt gehört nicht zu den Arbeitsämtern, sondern in die kommunale Ebene.

Dem Gedanken der Bürgergesellschaft entspricht auch ein gut verstandener Föderalismus: keine Konferenzdemokratie, die vor allem im Bildungs- und Hochschulbereich die Probleme vertagt, sondern ein Wettbewerb unter den Ländern, wer für die einzelnen öffentlichen Aufgaben die besten Lösungen findet. Und schließlich brauchen wir ein Stiftungsrecht, das weit über die jetzige Minireform hinausgeht. Wer am Ende seines Lebens darüber nachdenkt, ob er nicht einen Teil seines Vermögens für soziale, kulturelle und andere Gemeinschaftszwecke zur Verfügung stellt, sollte durch entsprechende steuerliche Angebote und inhaltliche Vorschläge angeregt werden. Die soziale Botschaft heißt: „Liebe deinen Nächsten", aber nicht: „Liebe das Finanzamt oder den Staat und seine Verwaltung."

Die Union muß das Tempo bestimmen. Schröder wird aber nicht an der Kritik der Opposition scheitern, sondern am mangelnden Willen seiner eigenen Partei, mehrheitlich den Wandel vom Wohlfahrtsstaat zur Bürgergesellschaft zu tragen (siehe auch Seite 66ff.).

Mehr Wettbewerb zwischen den Ländern

Wir sollten über Reformen unserer Verfassung nachdenken

Die Grundwerte unseres Grundgesetzes müssen unangetastet bleiben, unverkennbaren Erstarrungstendenzen ist aber entgegenzuwirken.

Deutschland muß umgekrempelt werden. Alle Parteien sind dieser Meinung. Immer öfter wird dabei der Föderalismus in seiner jetzigen Form kritisiert und die Frage gestellt, ob nicht die Verfassungsväter unter dem Eindruck der Diktatur des Dritten Reiches mehr auf die Machtbalance zwischen Bürger und Staat geachtet haben als auf eine Chance zur dynamischen Anpassung des Staatswesens an künftige Bedürfnisse.

Wenn man über den Föderalismus in Deutschland redet, so sollte man nicht nur berücksichtigen, daß er geschichtlich gewachsen ist, sondern auch, daß der Wettbewerb einer größeren Zahl von Ländern bei der Gestaltung der Lebensbedingungen ihrer Bürger gegenüber den Zentralstaaten, wie wir es beispielsweise bei unserem Nachbarn Frankreich beobachten, große Vorteile hat. Es gibt nicht den Unterschied zwischen Hauptstadt und Provinz. Berlin ist nicht Paris. München, Frankfurt, Hamburg und Stuttgart sind nicht Provinz.

Allerdings ist das Grundgesetz mit seinem Neugliederungsauftrag für die Bundesländer davon ausgegangen, daß vergleichbar gewichtige Bundesländer die Balance zwischen Bund und Ländern halten. Die Tatsache, daß der Neugliederungsauftrag des Grundgesetzes nie erfüllt wurde (mit Ausnahme der Neugestaltung im Südwesten durch die Entstehung Baden-Württembergs) und aus dem Grundgesetz als Verfassungsauftrag herausgenommen wurde, zeigt, daß es praktisch unmöglich ist, die in der Nachkriegszeit gewachsenen Ländergrenzen in den alten und neuen Bundesländern zu verändern. Zu differenziert sind die Interessenlagen.

Andererseits sind die Ausgleichsmechanismen der deutschen Finanzverfassung mit Länderfinanzausgleich, Bundesergänzungszuweisungen, Zuschüssen zu besonders hohen Verwaltungskosten bei den kleinen Ländern kein Instrumentarium, das ihnen den heilsamen Zwang auferlegt, durch Kooperationen oder Integrationsbemühungen schlagkräftige neue Größenordnungen zu schaffen.

Gerade die Garantie des Grundgesetzes, daß der Bund für die Existenz der Länder einzustehen hat, führt zum Beispiel in den alten Bundesländern zu besonderen Leistungen im Finanzbereich für Länder wie Bremen und das Saarland. Und beim Wiederentstehen der neuen Bundesländer waren die Anbindung an kleinstaatliche Traditionen oder an künstliche, erst nach 1815 von Preußen gezogene Provinzgrenzen wichtiger als die Schaffung von zwei, drei wirtschaftlich starken Einheiten.

Dennoch: Die Tatsache, daß die einzelnen Bundesländer ihr Bildungs-, Sozial- und Dienstleistungssystem gewissermaßen im Wettbewerb entwickeln, führt im Prinzip zu einem gesunden Wettbewerb der Ideen zur Zukunftsbewältigung. Allerdings wird der Wettbewerb der Länder auf der anderen Seite aufgehoben durch nivellierende Gesetzgebungspakete zwischen Bund und Ländern.

Wenn man die Dinge neu ordnen will, sollte man verfassungsrechtlich den Mut haben, die Gemeinschaftsaufgaben nach der Durchführung der wichtigsten Gemeinschaftsinvestitionen wieder aufzuheben, um damit den Bundesländern mehr Freiheit bei der Gestaltung ihrer Regionen zu geben.

Wir müssen über eine Verfassungsreform nachdenken mit dem Ziel, den Wettbewerb der Bundesländer wiederzubeleben, aber gleichzeitig sicherstellen, daß zwar eine Mitwirkung der Länderregierungen an der Bundespolitik gewährleistet, aber eine Blockadesituation durch die Mehrheit des Deutschen Bundesrats aufgelöst wird. Wenn eine erhöhte Länderverantwortlichkeit für die Finanzstabilität der einzelnen Länder hinzukommt, wird eine neue Handlungsfähigkeit der Verfassungsorgane entstehen.

Ohne jeden Zweifel, die Grundwerte unseres Grundgesetzes müssen unangetastet bleiben, unverkennbaren Erstarrungstendenzen ist aber entgegenzuwirken. Die entscheidende Frage ist, ob die politischen Parteien die Kraft haben, eine Reform des Grundgesetzes in diesem Bereich einzuleiten.

Zum ersten Mal müssen wir in der deutschen Geschichte aus freien Stücken auch neue Überlegungen für unsere Verfassung anstellen. Vielleicht sollte der Bundespräsident überlegen, ob er nicht nach britischem Vorbild eine „Royal Commission" einberuft, die sich vom Tagesgeschehen unabhängig Gedanken macht, welche Reformen unserer Verfassung nötig wären, um Deutschland rascher und besser in die europäische und globale Zukunft zu führen. Vielleicht würde ein von unabhängigen Persönlichkeiten vorgeschlagenes Konzept auch die Parteien zu einer neuen Diskussion zwingen. Wahrscheinlich ist das aber nur ein frommer Wunsch.

Die Bürgergesellschaft

Der Zusammenhalt der Gesellschaft

In Amerika arbeitet jeder Zweite auch gemeinnützig

Leider ist es in Deutschland einfacher, von Leuten Geld zu erbitten als Zeit.

Manhattan nach dem 11. September – das waren nicht nur die Bilder von Rauch und Trümmern. Es gab auch Bilder, die Hoffnung wecken. Ein endloser Strom von Bürgern, die sich mit vollbepackten Einkaufswagen und anderen Vehikeln auf den Weg zum Ort des Anschlags machten. Die den Helfern und Hinterbliebenen Essen, Trinken und warme Kleidung brachten. Tonnenweise. Und dann die Spendenflut: 560 Millionen Dollar haben amerikanische Privatleute allein in den drei Wochen nach dem Anschlag mobilisiert. Es ist die Stunde der Bürgergesellschaft. Die Menschen rücken enger zusammen – und wenn ich das richtig sehe, nicht nur in Amerika.

Schon während der großen Oderflut 1997 haben sich viele in Deutschland gewundert, wie eine Katastrophe den Tatendrang der Menschen und ihren sozialen Zusammenhalt stärkt. Wie die Leute selbst Hand anlegen, statt auf den Einsatz des Staates und seiner Bediensteten zu vertrauen. Die Katastrophen von New York und Washington haben die Deutschen erneut aufgerüttelt; der beachtliche Spendenfluß aus unserem Land ist dafür nur ein Indiz. Wir haben gespürt, daß dieser Anschlag auch uns gilt – und wir ahnen, daß uns der Staat allein nur unzureichend schützen kann. Und anders als bei der

Oderflut beschäftigen uns weniger die Schäden, die wir beseitigen müssen, als die noch größeren künftigen Schäden, die wir abwehren müssen.

Die Bürgergesellschaft ist keine verkappte Form von Sozialismus. Sie basiert auf Wettbewerb und Marktwirtschaft – und beschreibt eine Gesellschaftsform, in deren Mittelpunkt die Eigenverantwortung des einzelnen und der kleinen Gemeinschaften steht, nicht der lenkende Staat. Zwar wenden Skeptiker ein, die Leute seien zu träge und zu sehr auf Maximierung des individuellen Wohlstands aus. Zur Zeit drängt sich mir ein gegenteiliger Eindruck auf.

In den USA jedenfalls ist die Bürgergesellschaft schon längst Realität. Wir reden immer vom unzureichenden staatlichen Sozialsystem in Amerika – aber es gibt auch die andere Seite: Jeder zweite Bürger opfert einige Stunden in der Woche für gemeinnützige Aufgaben. Wir sollten überlegen, warum wir uns da so schwertun. Vielleicht, weil wir unseren formalen Wohlfahrtsstaat in den letzten Jahrzehnten so perfektioniert haben, daß sich inzwischen viele Menschen darin heimatlos fühlen.

Ich glaube, wir müssen nicht nur über den Beitrag des einzelnen zur Terrorabwehr diskutieren – sondern generell darüber, wie er die Allgemeinheit unterstützen kann. Hören wir auf, darüber zu schimpfen, was der Staat etwa im Bereich der sozialen Sicherung alles tun müßte und nicht tut. Weniger Staat, aber eine aktivere Bürgerschaft bringen unter dem Strich viel mehr Gemeinsinn und Befriedigung.

Bisher regelt allein das Finanzamt die gesellschaftliche Umverteilung. Aber geht es nicht auch anders? Sollen doch die Leute reich sein! Man muß ihnen nur rechtzeitig sagen: „Wäre es nicht toll, wenn später einmal alle an dem Kindergarten oder an dem Sportplatz vorbeilaufen, und es steht dein Name drauf? Weil du einen Teil deines Erfolges sichtbar und freiwillig der Allgemeinheit zur Verfügung gestellt hast?!" Dann wird man erleben, daß die Alten plötzlich ihren Sportplatz, den sie gestiftet haben, auch betreuen wollen – und mehr Engagement entwickeln als so mancher nach Tarif bezahlter Platzwart.

Die Bürgergesellschaft könnte auch die unzureichende Betreuung von älteren und kranken Menschen verbessern. Viele Leute brauchen bloß einige Wochenstunden Zuwendung und Unterhaltung, weil sie keine Familie mehr haben oder ihre Kinder anderswo leben. Leider ist es heute in Deutschland einfacher, von Leuten Geld zu erbitten als Zeit. Wie kommt das, wo doch so viele ältere Menschen im Vorruhestand und so viele Arbeitslose nicht ausgelastet sind? Antwort: Weil wir noch immer von der traditionellen Arbeitsgesellschaft ausgehen, in der man nur für Geld die Ärmel hochkrempelt. Dabei ist die Bürgergesellschaft mit all ihren Chancen jetzt greifbar nah.

Unternehmerische Verantwortung in der Bürgergesellschaft

Zu wem gehen die Leute, wenn sie Spenden für eine Tombola brauchen?

Der Deutsche bedient lieber eine Maschine als seinen Nachbarn.

Als ich noch in der Politik war, habe ich vor dem Landtag in Baden-Württemberg durch reinen Zufall zweimal zu einer steuerlichen Frage gesprochen. Am nächsten Tag las ich in der Zeitung: „Der Steuerexperte der Fraktion erklärte ..." Das hat mich sehr beruhigt über meine künftigen politischen Entwicklungschancen.

Manchmal bin ich der Meinung, daß es in anderen Bereichen ähnlich zugeht. Beispielsweise bei Analysten: Wenn ein Analyst zweimal über ein Laserunternehmen geschrieben hat, gilt er als der Laserexperte seines Hauses. Die wirklichen Experten sehen das aber anders: Als auf der Lasermesse in München zum ersten Mal ein Treffen zwischen Experten und Analysten stattfand, hatte man zeitweise das Gefühl, daß die ohne Dolmetscher gar nicht miteinander klarkommen.

Die Kurzfristigkeit, die heute im Wirtschaftsleben und im politischen Leben herrscht, bringt die Gefahr mit sich, daß wir nicht mehr über die langfristigen gesellschaftspolitischen Entwicklungen reden und auch über den Begriff des Unternehmers nicht richtig nachdenken. Der

Unternehmer feiert gerade eine gewisse Wiederkunft und hat auch wieder einen bestimmten Grad von Beliebtheit. Doch ist auch hier Differenzierung angebracht: Den privaten Unternehmer, den kann man nach Meinung vieler billigen. Es gibt aber durchaus noch den Kampf derer, die den Unternehmer eher dulden als ihn lieben, mit denen, die eigentlich sagen wollen, nur mit dem Unternehmer läuft es in Wirtschaft und Gesellschaft.

Aber auch die Wirtschaft und die Unternehmer selbst haben durch die Diskussion des Shareholder-Value die Kurzfristigkeit unternehmerischen Tuns in letzter Zeit zu stark betont und gesagt: „Uns ist alles gleichgültig. Der Vierteljahresbericht muß stimmen." Wir wissen, daß das nicht so sein kann. Und jetzt gibt es nach meiner Beobachtung einen gegenläufigen Trend, denn offensichtlich haben Mittel- und Langfristigkeit wieder eine neue Bedeutung. Die Kurzfristigkeit hat sich einfach nicht bewährt – weder im Wirtschaftsleben noch in der Politik noch sonstwo. Und dazu haben Entwicklungen beigetragen, an die man zunächst einmal gar nicht denkt.

Ich bin überzeugt, daß die Politik deshalb wieder – etwa bei der Frage „Standortpolitik" – ein Stück Langfristigkeit braucht, weil sie merkt, daß ihr kurzfristige Aktionen nichts helfen. Die internationale globale Wirtschaft kann sich von dem, was die Politik an Einfluß kurzfristig wahrnehmen kann, verabschieden. Es gibt im Grunde keine Möglichkeit mehr für die Politik, kurzfristig auf die Wirtschaft einzuwirken. Die Annahme der Bundesregierung, das Jahreswachstum liege bei 2,8 Prozent, war ein typisches Beispiel.

Da entscheidet eine Regierung nach gründlicher Überlegung, das Wachstum sei 2,8 Prozent und baut darauf ihre gesamten politischen Strategien, die Schuldentilgung, die Arbeitslosigkeit und alles andere auf. Sie verpflichtet sich im Glauben an diese von Experten entwickelte Zahl und müßte doch aus ihrer Lebenserfahrung wissen, daß es jedes Jahr denselben Prozeß gibt: Die Zahl wird vorgestellt von einigen Weisen, die dann sechs Monate daran arbeiten und wieder sechs Monate damit beschäftigt sind zu beweisen, daß diese Zahl falsch sein mußte, um schließlich unverzüglich ein neues Gutachten in Angriff zu nehmen. Wer also nur fünf Jahre politische Erfahrung hat, und unser Kanzler hat doch noch mehr, müßte eigentlich wissen, wie gefährlich es ist, auf diesen Zahlen Verbindlichkeiten aufzubauen. Wie soll die deutsche Regierung etwa die Ölpreise in Ordnung bringen?

Warum ich das erzähle? Weil es eine totale Veränderung der Wirtschaft gibt und diese Veränderung der Politik permanent klarmacht, daß sie inzwischen in einem Wettbewerb um die besten Systeme ist. Und ich bin überzeugt, ohne der gegenwärtigen Regierung in Deutschland weh tun zu wollen, daß die Spitzensteuersätze vor allem wegen der Mahnung gesenkt wurden: „Wenn wir sie jetzt nicht senken, kriegen wir keine Investitionen mehr." Das ist eine völlig neue Dimension von Wettbewerb und von Auseinandersetzungen. Und diese Art von Vergleich und Benchmarking von Gesellschaftssystemen scheint mir darauf hinzuführen, daß immer mehr Leute entdecken, daß die Politiker sich wieder der Politik zuwenden sollten, weil sie auf die Wirtschaft in bestimmten Bereichen keinen Einfluß haben.

Oder nehmen Sie die letzte Weltkonferenz in Okinawa. Weiß noch jemand, was dort beschlossen worden ist? Ehrlich gesagt: Das weiß heute kein Mensch mehr. Aber interessant ist, daß da Staatsmänner zusammenkommen mit einem Aufwand von mehreren hundert Millionen und entscheiden, daß dies oder jenes jetzt passieren muß. In Okinawa gab es eine Entschließung, daß es den Armen in der Welt bessergehen soll, ohne daß die Reichen tangiert werden. War gut gemeint, aber nichts bewegt sich. Selbst wenn die Regierung beschließen würde, der Dax folgt dem Dow Jones nicht mehr, wir wollen diese Abhängigkeit nicht, kommt wahrscheinlich keine Reaktion. Und vielleicht ist das Ganze gut so – und zwar deshalb, weil diese Unabhängigkeit die Politik wieder auf ihre Aufgabe zurückführt, sich nämlich mit der Gesellschaft zu befassen.

Interessant ist, daß weder das amerikanische noch das europäische System eine Erfolgsgarantie gibt auf die Entwicklung der Gesellschaft. Da kann man nichts kopieren. Im Augenblick haben wir in Deutschland das berühmte Patt: 50 Prozent aller Deutschen wollen werden wie die Amerikaner, weil es nur so funktioniert. Und 50 Prozent der Deutschen wollen keine Veränderung, weil wir sonst werden wie die Amerikaner. Deshalb machen wir gar nichts.

Konsequenz dieser Veranstaltung ist, daß wir alle nur noch über Reformen reden. Dabei ist die Tatsache, daß diese Reformen bedingt sind durch Vorgänge, die rechenbar sind und damit einschätzbar, natürlich etwas Urpolitisches. Weiter ist interessant, daß z. B. Familienpolitik in

Deutschland jetzt Hochkonjunktur hat. Warum? Vor allem, weil die Unternehmer gesagt haben, wir kriegen keine Leute mehr. Und deshalb wird man auch erleben, daß zum Beispiel die Frage der Kinderkrippe wieder eine ganz andere Einstellung findet und plötzlich alle Politiker bereit sind zu sagen: „Jawohl, jetzt brauchen wir nämlich die jungen Frauen." Wir müssen die Familienpolitik so ändern, daß Arbeit und Beruf vereinbar sind.

Ich erinnere mich an endlose Diskussionen in meiner Partei über die Frage „Beruf oder Familie". Offensichtlich ist die Altersentwicklung der Deutschen so, daß man die Frage nach Beruf oder Familie nicht mehr stellen kann. Das ist eine Sache, die gar nichts mit politischer Gestaltung zu tun hat, sondern mit den Realitäten in Deutschland: Wir haben eine Altersentwicklung, bei der bestimmte Dinge überhaupt nicht mehr funktionieren, z. B. die Rentenreform.

An den Realitäten führt nichts vorbei. Die wichtigste Realität, die wir entdecken, ist, daß auch an dem Unternehmer nichts vorbeiführt. Es zeigt sich immer deutlicher: Wenn die Leistungsseite abbricht, sind die Sozialgesetze nichts mehr wert. Also entdecken wir plötzlich, wir brauchen diesen Unternehmer, ob geliebt oder nicht ist inzwischen egal. Der Kanzler ist ein Pragmatiker: „Wir brauchen die Unternehmer, basta!"

Haben wir die Gesellschaft vorbereitet auf die Unternehmer? Das ist die entscheidende Frage. Gehen Sie mal an die Schulen und machen sich ein Bild davon, was an unseren Schulen für ein Unternehmerbild gelehrt wird!

Da wird es Ihnen körperlich schlecht. Weil selbstverständlich diejenigen, die dort über den Unternehmer reden, sich selbst mit diesem Problem nie positiv befassen mußten. Und das Ergebnis ist, daß die Politik den Unternehmer in der Gesellschaft erst mühsam wieder in die Position bringen muß, in der sie ihn später braucht: nämlich als angesehenen, leistungsfähigen und dynamischen Bürger, der mit hohen Risiken vorausmarschiert. Außerdem braucht die Politik den Unternehmer als gesellschaftliches Leitbild, weil sie nämlich den Staat zurückführt. Dabei will ein großer Teil der Politiker nicht unbedingt weniger Staat. Es ist die Unfinanzierbarkeit des Wohlfahrtsstaates, die zu völlig neuen Überlegungen und Veränderungsdruck führt. Man kann ja nicht eingestehen, daß wir diesen Wohlfahrtsstaat, den wir alle konstruiert haben, jetzt nicht mehr wollen. Wir wollen ihn natürlich, aber eben nur bezahlbar. Und man kann nicht sagen, wir wollen etwas nicht, weil es unbezahlbar geworden ist. Dann wäre die Logik, es muß wieder bezahlbar werden durch Erhöhung von Steuern.

Durch die Globalisierung die Chance, einfach auszuwandern

Zum Ärger der Politiker gibt die Globalisierung dem Unternehmer zum ersten Mal die Chance abzuhauen. Das macht auch die Gewerkschaften unglaublich unruhig. Weil der Unternehmer einfach im Boxring nicht erscheint, sondern sagt: „Ich boxe woanders, tschüs." Was macht man dann mit den angereisten Zuschauern? Sie können immer mehr beobachten, daß unsere Gesellschaft da eine ganz neue Bewegung bekommt – ein erstes Stück Flexibilität aus der Erkenntnis heraus, daß das ganze Spielsystem einer wachsenden produktionsorientierten Gesellschaft nicht mehr stimmt. Deshalb reden wir jetzt alle begeistert von der Dienstleistungsgesellschaft. Übrigens: Da soll mir ja keiner sagen, daß der Deutsche der typische Dienstleister ist. Der Deutsche bedient lieber eine Maschine als seinen Nachbarn. Dafür sind wir berühmt. Aber plötzlich entdecken wir, irgend etwas muß mit dieser Gesellschaft geschehen, damit sie wieder leistungsfähig, wettbewerbsfähig wird, und gleichzeitig muß sie natürlich solidarisch bleiben, denn jeder sagt, also keinesfalls wollen wir den Armutsbegriff der Amerikaner.

Wobei interessant ist, daß wir nicht eine große Debatte über Europa bekommen. Wir diskutieren weder nach Nizza noch nach Maastricht noch nach Göteborg die Frage, was das für ein Europa sein soll. Ich frage mich, warum etwa niemand auf die Idee kommt zu diskutieren, daß das Spannendste an Europa die strategische Gemeinschaft des Kultureuropa wäre. Damit könnte doch im Wettbewerb der Weltdiskussion der europäische Wertestandpunkt deutlich vertreten werden. Wir sagen zwar, daß die Brüderlichkeit der Französischen Revolution uns für den Armutsbegriff einen völlig anderen Auftrag erteilt als beispielsweise die Suppenküchenmentalität der Amerikaner. Die sagen: „Es ist noch Suppe da. Also gibt es keine Armut." Wir brauchen natürlich nicht gleich den deutschen Armutsbegriff einzuführen: Wer weniger als die Hälfte des Durchschnittseinkommens hat, ist hierzulande arm. Wenn in Baden-Baden 50 Millionäre zuziehen, dann steigt die Zahl der Armen gewaltig an, und da kann man darüber streiten, ob das die zwei Alternativen sind.

Im europäischen Parlament war bisher keine einzige Debatte zu hören über die Frage des Wertesystems dieses neuen Europa. Und wenn über die strategischen Inhalte der zukünftigen Europa-Politik geredet wird, ist selten davon die Rede, daß es spannend wäre, ein eigenes GPS zu entwickeln. Denn damit wären wir bei der Steuerung unserer Autos nicht mehr von der amerikanischen Navy abhängig (siehe Seite 242). Dafür haben wir stundenlang die Maul- und Klauenseuche im europäischen Parlament debattiert. Nicht, daß sie dort ausgebrochen wäre, sie wurde dort nur unablässig diskutiert.

Wir diskutieren in der europäischen Entwicklung keine Zukunftsvisionen mehr. Wir beschäftigen uns mit unseren Tagesproblemen und spielen dabei Nationalstaat in Europa. Die Realität ist aber, daß die kleinen europäischen Staaten plötzlich ganz intelligente moderne Gesellschaftssysteme entwickeln und sehr flexibel mit ihren Problemen fertig werden. Die einzigen, die überhaupt nicht vorankommen, sind die Franzosen und die Deutschen. Die Franzosen haben wenigstens noch diese Grundüberzeugung, daß in der Geschichte immer der Staat zuständig war, wenn es ein Problem gegeben hat. Die Briten haben die alte Lordschaft nicht mehr in dem Umfang und müssen sich jetzt selber darum kümmern. Und die Amerikaner denken gar nicht daran, daß der Staat ein Problem lösen könnte, sondern gründen einfach einen Verein. Weil sie sowieso nicht glauben, daß die Politiker das besser können als die Wähler.

Daraus ergibt sich eine ganz interessante Entwicklung für die Frage der Bürgergesellschaften. Plötzlich gibt es

Bürgerstiftungen in den Städten, taucht der Begriff der Zivilgesellschaft auf. Inzwischen kommen alle zu dem Schluß, die Gesellschaft müsse mehr selbst lösen, voranbringen, umstrukturieren. Eine freie Gesellschaft müsse weniger Staat haben. Wie gesagt: Ich glaube nicht, daß das die begeisterte Überzeugung aller Politiker ist. Aber egal aus welchen Gründen auch immer: Die Realität ist, daß vor allem die junge Generation mehr Freiheit, mehr Selbständigkeit haben will und trotzdem in ihrer Empfindsamkeit zum Thema Solidarität nichts verloren hat. Nur der Staat kann diese Aufgabe nicht mehr wahrnehmen, und jetzt kommt die Frage: Wie sieht ein Staat aus, der Aufgaben weggibt? Wir können uns nicht wegschleichen und sagen, wir wollen weniger Staat, weil wir weniger Steuern bezahlen wollen, aber laßt uns sonst in Ruhe. Der Bürger, der weniger Steuern zahlen will, muß sich wieder um seinen Staat kümmern.

In den achtziger Jahren hatten wir den Zustand des risikofreien Wachstums, was ja nun ganz besonders beliebt ist bei den Deutschen, wenn irgend etwas risikofrei zu machen ist, entweder durch Versicherungen oder durch andere Risikoträger. Aber jetzt wird plötzlich sichtbar, daß ein dynamisches Sozialsystem ohne ein dynamisches Leistungssystem nicht mehr funktioniert. Und jetzt ernennen sich Sparkommissare, bei denen man niemals diese Entwicklung vorausgeahnt hätte. Aber entweder ist es eine Verzweiflungstat oder die Erkenntnis, daß eben eine freiheitliche Gesellschaft anders aufgebaut werden muß, als wir sie jetzt in Europa haben. Es braucht deshalb nicht – wie gesagt – gleich die amerikanische Kopie sein, aber wir müssen uns Gedanken darüber machen, welche Möglichkeit wir haben, eine freiheitliche bürgerliche Gesellschaft neu zu ordnen. Wenn man untersucht, wo bei uns die Defizite sind, dann merkt man ganz genau, daß wir eigentlich eine ganze Reihe von gesellschaftlichen Fragen überhaupt nicht aufgearbeitet haben.

Die erste Bemerkung zur Überalterung der Gesellschaft hat bei uns noch wenig ausgelöst. Aber was machen wir eigentlich, wenn auf jeden arbeitenden Menschen ein zu Erziehender oder ein Rentner kommt? Und wer pflegt dann die Alten? Wir wissen, daß diese Probleme auf uns zukommen. Genauso bei den Arbeitslosen: Mindestens 40 Prozent der Arbeitslosen haben eine hohe soziale Kompetenz, aber ihnen fehlt die Kompatibilität ihrer eigenen fachlichen Kenntnisse zu den Anforderungen der Wirtschaft. Im Osten ist das ganz extrem. Die vielen älteren Arbeitnehmer kommen aus der Produktionsgesellschaft, und die konnten dort nicht zu Informatikern ausgebildet werden. Bestimmte Positionen in der Wirtschaft werden heute einfach nicht mehr gebraucht. Machen Sie mal zu Hause mit Ihren Kindern 20 Minuten Videospiele – und Sie haben eine abschließende Übersicht über den Wert Ihrer Lebenserfahrung. Aber wenn das alles so ist, müssen wir doch einmal die Frage stellen: Ist denn unser Arbeitsmarkt richtig, bei dem ältere Menschen bis zur Demütigung den Kreisverkehr zwischen Arbeitsamt, Bewerbung und wieder zurück zum Arbeitsamt durchlaufen?

Geborgenheit durch kommunale Nachbarschaft

Zugleich gibt es keine richtige Nachbarschaft mehr in den Kommunen. Es passiert immer häufiger, daß Menschen völlig vereinsamt sterben. Inzwischen ist der Computer so weit, daß er abschaltet: den Strom, das Wasser – einfach alles, sogar die Post. Aber den Menschen findet man erst ein paar Jahre später. Die große Frage ist also: Geht es bei den Alten nur um die hochqualifizierte Pflege, die über die Pflegeversicherung gesetzlich geregelt ist und die auch bald nicht mehr finanzierbar ist? Oder brauchen wir nicht eine systematische Vorbereitung für die Menschen ab 45, so daß sie im dritten und vierten Lebensabschnitt Mitglied einer kommunalen Nachbarschaft sind? Da können sie Gutscheine kriegen und sich mit ihrer sozialen Kompetenz einsetzen. Und die, die Geld haben, können das gern mit Geld erledigen. Wenn sie kein Geld haben, müssen sie es mit Zeit tun. Da kann man ja gerecht sein. Nehmen Sie mal einen, der fünf Jahre draußen war und machen Sie ihn zum Verwalter des Sportplatzes. Sie glauben gar nicht, was der für Kräfte entfaltet. Das können Sie aber nicht in der Gesellschaft machen, wo Sie entweder nach ÖTV-Tarif bezahlt werden oder arbeitslos sind. Und wenn Sie arbeitslos sind, paßt ein ÖTV-Angestellter auf Sie auf, daß Sie auch untätig bleiben.

Wir machen in Deutschland ein Thema nach dem anderen zum Tabu, um nicht offen darüber zu diskutieren, wie unsere Gesellschaft in zehn oder zwanzig Jahren aussieht. Ein Beispiel: In diesem Staat darf es keine Putzfrau ohne Lohnsteuerkarte geben. Ich habe nur noch keine mit Lohnsteuerkarte gefunden. Also gibt es gar keine. Das zeigt doch: In diesem Staat wird alles diskutiert, was Rahmenbedingungen sind, aber nicht das, was Inhalt der Veranstaltung ist. Das geht bis zu der Tatsache, daß, wenn die Bundeswehr kleiner wird, das Hauptproblem ist, wenn 75 000 Zivildienstleistende wegfallen. Meine Frau, die in einer Sozialorganisation tätig ist, sagt mir immer: „Wenn die wegfallen, ist alles kaputt in Deutschland." Das ist doch hochinteressant. 75 000 junge Leute, die übrigens die einzigen sind, die in Deutschland ohne Vorbildung Kranke pflegen dürfen, Umweltschutz machen dürfen, die „learning by doing" machen – und das funktioniert bestens. Und wenn die wegfallen, bricht alles zusammen (siehe auch Seite 88ff.).

Aber nur etwa sechs Prozent von diesen Zivildienstleistenden führen beispielsweise Pflegearbeiten durch, also Arbeiten, bei denen es auf Muskelkraft ankommt. Klar, das können nur junge Leute machen. Man kann unglaublich viele Aufgaben von Zivildienstleistenden auf ältere Menschen übertragen. Wenn ich das vorschlage, kommt immer das Argument: Aber wie sollen die jungen Menschen denn die Sozialprobleme einer Gesellschaft kennenlernen? Das Kriterium ist äußerst interessant. Also nur diejenigen, die den Wehrdienst verweigern, müssen die sozialen Probleme einer Gesellschaft kennenlernen. Meistens sind das doch ohnehin die Sensibelsten, jedenfalls sensibler als die Fallschirmspringer. Aber die müssen das nicht lernen, diese Sensibilität, sondern die Sensiblen sollen noch sensibler durch die Gesellschaft werden!

Da löst sich etwas von allem anderen ab. Ich wünsche mir, daß wir die Gesamtkonzeption einer Gesellschaft diskutieren, in der vor dem Hintergrund ihrer Altersentwicklung eine völlig neue Selbsthilfestruktur aufgebaut werden muß. Dann bekäme der Begriff Solidarität plötzlich wieder einen anderen Inhalt. Diese Solidarität ist nämlich die, welche die christliche Nächstenliebe meint. Das ist die Brüderlichkeit der Französischen Revolution, daß einer dem anderen hilft und daß die, welche etwas leisten können, besonders viel tun, damit die Summe des Leistungsergebnisses den Schwachen zur Verfügung steht. Wobei nicht ausdrücklich erwähnt ist, daß sie auch denen zur Verfügung steht, die sich für schwach erklären, damit sie nicht in die Leistungsgruppe eingereiht werden. Wenn wir das durchführen würden, hätten wir eine ziemlich muntere Gesellschaft, die sich ganz anders auf das Thema Alter vorbereiten würde. Plötzlich sind wir fasziniert von der Organisation, mit den Fähigkeiten im Alter was anderes zu tun.

Oder denken Sie an den Kulturbereich. In Amerika werden fünf Prozent der Kultur öffentlich finanziert und 95 Prozent privat. Bei uns ist das genau umgekehrt. Und bei der privaten Finanzierung sind der Großteil Stiftungen. Nehmen Sie mal das deutsche Stiftungsrecht und die Verklemmung in der Politik bei der Einräumung steuerlicher Vorteile im Stiftungssektor. Da kann jeder, der mit Stiftungen zu tun hat, ein Lied davon singen. Jetzt haben wir gerade mühsam die erste Änderung im Stiftungsgesetz zustande gebracht. Die ist aber so zusammengeschrumpft, daß Sie damit kein großes Mäzenatentum hervorlocken können.

Oder nehmen Sie die Privatvermögen. Wir haben zum ersten Mal 14 Billionen Privatvermögen in Deutschland. Deshalb haben wir damit auch keine Erfahrung. Die Schweizer haben damit Erfahrung, die Amerikaner auch. Wir hatten das Problem nie, sondern alle 50 Jahre einen

Weltkrieg, und dann konnten wir wieder mit der Vermögensbildung neu beginnen. Jetzt haben wir dieses Problem also auch noch. Also müssen wir uns überlegen, was wir tun können, um in unserer Gesellschaft gewissermaßen intelligente Angebote zur Reichtumsvernichtung zu machen. Und das ist das Stiftungsrecht.

Sie können erleben, daß Leute, die furchtbar über das Finanzamt schimpfen, bei Vereinen oder den Rotariern plötzlich bereit sind, Geld herzugeben. Es gibt einen Trend, daß, wenn sie den Leuten weniger Geld abnehmen durch den Staat, sie sogar nach Steuern noch bereit sind, für bestimmte Dinge Geld auszugeben. Aber das sind die Dinge, zu denen sie Lust und Spaß haben. Und da es ihr versteuertes Geld ist, sollen sie damit machen, was sie wollen. Die entscheidende Frage ist nur, ob man Anreize schafft, daß dieses Geld ausgegeben wird. Ältere Menschen fragen, je mehr sie darüber nachdenken, was bleibt. Das ist die Basis der Stiftungen. In den kleinen Niederlanden gibt es 100 000 Stiftungen und in Deutschland nach Abzug der Kirchenstiftungen gerademal 9000. Das heißt, wir sind erst am Anfang.

Vereine statt Body Building Center

Wir brauchen im Grunde ein geradezu explodierendes Stiftungswesen, mit dem wir ein Stück weit diese bürgerliche Gesellschaft darstellen und verwirklichen können. Dort, wo Ansätze sind im Stiftungswesen, zum Beispiel bei den Bürgerstiftungen, finden Sie eine unglaublich muntere Situation. Es ist nur schwierig sicherzustellen, daß das nicht der Etatausgleich ist. Denn die Politiker möchten am liebsten Bürgerstiftungen, die sie dann als Ersatzetat vereinnahmen. Da muß ganz klar sein – ich sage das gar nicht gegen die Politiker, ich sage das nur, weil es das Wichtigste von bürgerlichem Engagement ist – daß die Selbstverwaltung des bürgerlichen Engagements nicht in die Hand derselben Einrichtung geht, die die Steuergelder verwaltet. Sonst werden die immer sagen: „Wir haben leider kein Geld, und jetzt gründen wir eine Stiftung."

Damit sind wir wieder beim alten Vereinswesen, das wir ruiniert haben durch Professionalität. Früher sind die Leute in einen Verein gegangen, heute gehen sie ins Body Building Center; da gibt es alles gegen Gebühr. Aber der gesellschaftliche Wert, etwa der Begegnung gegen Vereinsamung, die bei den Alten eine große Rolle spielt, ist verlorengegangen. Nur Junge flirten hier gern. Wenn ich über Arbeitsplätze diskutiere, gibt es noch viele, die sagen mir immer: „Deine big brains, die bringst du überall hin, aber was machst du eigentlich mit den Schwächeren?" Wenn ich mir überlege, wie viele Leute wir brauchen, die nicht mehr in der Produktion arbeiten, sondern in der menschlichen Zuwendung, und wenn mir jemand sagt, bei der Pflege eines Menschen kommt es auf den IQ zuerst an, habe ich große Zweifel. Ich bin auch nicht sicher, ob die Ärzteauswahl richtig ist. Wenn die eine Eins in Mathematik haben und in Deutsch, Französisch und Englisch, ob das die idealen Ärzte werden? Aber gerade die dürfen Medizin studieren.

Der Unternehmer hat in dieser Gesellschaft deshalb eine hervorragende Rolle, weil sich in diesem Bereich viel um ihn dreht. In der Regel ist er nicht Sozialhilfeempfänger und wird zuerst angegangen um Spenden, um Stiftungen. Zu wem gehen denn die Leute im kleinen Dorf, wenn Weihnachtsfeier ist und man Spenden braucht für die Tombola? Sie gehen ganz selten in der Gewerkschaftszentrale vorbei und noch seltener zum Sozialamt. Sie gehen zum Unternehmer, und derselbe Mittelständler ist immer zuständig, wenn irgend etwas los ist. Es ist derselbe Unternehmer, der jeden Tag diese Postwurfsendungen bekommt. Man kann wirklich manchmal die Post nicht mehr aufmachen. Aber interessant ist doch, daß die Zielgruppe aller Leute, die Geld brauchen, immer zuerst die Unternehmer sind. Das habe ich mir gar nicht vorstellen können. Es gibt ganze Organisationen, die haben noch nie etwas gespendet, sammeln aber bei denen, die was haben, für die anderen und schaffen damit Solidarität, eine sogenannte Sammelsolidarität.

Wir müssen endlich aufhören zu glauben, die Perfektion sei der Ersatz für eine lebendige Gesellschaft. Die Gesellschaft ist lebendig, weil sie diskutieren muß, weil da die verschiedensten Meinungen, die verschiedensten Strukturen, jung und alt, arm und reich aufeinandertreffen. Es ist eine kommunikative Gesellschaft, und vielleicht ist es eine bessere, spannendere Gesellschaft, eine Bürgergesellschaft. Wir sind freilich auf diese Gesellschaft nicht vorbereitet, weil wir unter der Aufsicht des Staates inzwischen alles professionalisiert haben. Die Bürgergesellschaft jedoch könnte eine Herausforderung sein, bei der sich die Parteien im Wettbewerb der besten Gestaltung treffen, statt in der Frage, wer am meisten Staat im Rahmen von Reformen verkündet.

Genetische Aktfotos?

Die Politiker, nicht die Wissenschaftler müssen die Grenzen ziehen

„Die Wissenschaft ist wie ein Messer“,
hat Raketenbauer Wernher von Braun
einmal räsoniert.

Es gilt als sicher, daß die Gentechnik zu den Schlüsseltechnologien der Zukunft gehört. Von ihr, sagt der Bundeskanzler, könne eine „ähnliche Dynamik für das wirtschaftliche Wachstum ausgehen wie von den Informations- und Kommunikationstechnologien“. Aber während Wirtschaft und Börse die Biotech-Unternehmen mit enormem Kapital ausstatten, wenn diese sich der gentechnischen Forschung oder gar der Embryonenforschung zuwenden, hat die Politik wieder einmal lange gezögert und diskutiert über die moralische Verantwortung für das, was geschehen darf. Und sie machte das, was sie immer tut, wenn ihr Entscheidungen zu schwierig oder zu grundsätzlich sind: Sie richtete eine Kommission ein, die sich Ethik-Rat nennt.

Zwar sind zwei Drittel aller Befragten für die Entwicklung gentechnischer Arzneimittel, wenn sie bisher unheilbare Krankheiten besiegen helfen. Doch zugleich haben offenbar immer mehr Menschen die Sorge, daß die Forschung den künstlichen Menschen ermöglicht, der mit dem christlichen Schöpfungsgedanken nicht vereinbar ist. Diese Sorge ist nicht unbegründet: In letzter Zeit wurde es erstmalig möglich, embryonale Stammzellen des Menschen zum therapeutischen Klonen zu nutzen.

Bisher setzte die Wissenschaft auf Zellen, die zwar noch verschiedene Gewebetypen, nicht aber den ganzen Menschen regenerieren können. Sie konzentrierte sich auf die Idee, diese Stammzellen aus dem menschlichen Organismus zu entnehmen, zu bestimmten Organen wachsen zu lassen und dann zurückzuverpflanzen. Das wäre vielleicht noch vertretbar. Aber Stammzellen aus Embryonen entnehmen, bevor sie sich spezialisieren? Die Horrorvision von Ethikexperten und Theologen ist das Klonen von menschlichen Ersatzteillagern: Ein nur wenige Tage alter Zellhaufen dient als Gesamtsortiment von therapeutisch vielleicht wichtigen Stammzellen. Doch in ihm ist bereits ein vollständiger Mensch angelegt. Wo bleibt da die Idee vom Geschöpf Gottes?

Nicht die Wissenschaft darf entscheiden, was an medizinischen Möglichkeiten genutzt werden soll. Die für die Gesellschaft verantwortlichen Politiker müssen die Grenzen ziehen. Die Wissenschaft kann helfen, die Grenzen zu finden, die richtigen Fragen zu stellen – aber die Antworten muß die Politik geben.

Und die Fragen häufen sich. Zur Zeit schlagen die Wellen in der Prägimplantationsdiagnostik hoch. Darf man ein im Labor gezeugtes Kind vor dem Einsetzen in die Gebärmutter testen, um Erbschäden zu vermeiden? Was tun, wenn wir bei einem Gentest eine vererbbare Krankheit feststellen und der Betroffene mit dem Wissen nicht klarkommt? In den USA haben sich schon Leute umgebracht, nachdem sie ein für sie negatives Ergebnis erfuhren. Wie können sich durch Vererbung belastete Menschen davor schützen, daß Versicherer und Krankenkassen genetische Aktfotos verlangen?

Aus guten Gründen warnt der amerikanische Ökonom und Autor Jeremy Rifkin vor jeglichem Weiterforschen ohne Regularien. Wir brauchen ein internationales Abkommen über das Verbot des Klonens von Menschen, das Verstöße hart bestraft. Wenn es eine zentrale Aufgabe für die Vereinten Nationen und ihre Organisationen gibt, dann ist es die Vereinbarung und ständige Aktualisierung von Regeln, die der Wahrung menschlicher Würde dienen! Ist nicht Europa mit seinen kulturellen Wurzeln gefragt, die Führung dieser Diskussion zu übernehmen?

„Die Wissenschaft ist wie ein Messer", hat Raketenbauer Wernher von Braun einmal räsoniert. „Wenn man es einem Chirurgen und einem Mörder gibt, gebraucht es jeder auf seine Weise." Politik und Gesellschaft müssen bestimmen, wer das Messer Genforschung in die Hände bekommt – und wozu er es benutzt.

Wie sinnvoll ist der Zivildienst?

Bei seinem Wegfall könnten zwei Probleme gelöst werden

Wer sichert künftig in unserer Gesellschaft das soziale Miteinander, die Solidarität von Starken und Schwachen?

Die beschlossene Verkürzung der Wehrpflicht wird auch unseren Sozialstaat mit seiner wachsenden Überalterung mächtig ins Wanken bringen. Rund 15 000 Stellen von Zivildienstleistenden sind durch die Bundeswehrreform im Jahre 2000 weggefallen, und noch einmal 15 000 werden es bis zum Jahr 2003 sein. Schon heute warnen fast alle Sozialorganisationen vor einer Gefährdung ihres Versorgungsauftrags, wenn Zivildienstleistende nicht mehr in der bisherigen Zahl zur Verfügung stehen.

Stellen wir uns einmal kurz vor: Würde die Wehrpflicht und mit ihr der Zivildienst komplett wegfallen (in nahezu der Hälfte der NATO-Staaten ist diese Entscheidung bereits getroffen oder wenigstens die vorbereitende Diskussion im Gange), dann würden den sozialen Hilfsorganisationen von heute auf morgen etwa 140 000 Mitarbeiter fehlen.

Ich persönlich bin nicht für die Aufhebung der Wehrpflicht, aber allein der Gedanke beflügelt meine Fantasie. Könnten wir die jungen Leute, die keinen Wehr- oder Zivildienst mehr abzuleisten bräuchten, nicht für die modernen Dienstleistungsberufe der Kommunikationsgesellschaft begeistern? Und wäre es im Gegenzug nicht sinnvoll, für die Leistungen, die momentan noch von Zivis erbracht werden, auf unsere vier Millionen Arbeitslosen zurückzugreifen?

Damit hätten wir zwei zentrale Probleme auf einen Schlag gelöst: Aus Wehrpflichtigen und Zivis würden dringend benötigte Computerspezialisten, und aus Arbeitslosen würden bezahlte Sozialdienstleistende. Ein Vorschlag, der ohne weiteres umzusetzen wäre: Denn weder die angehenden Soldaten noch die Zivildienstleistenden sind schon zu Beginn ihrer Aufgabe qualifiziert ausgebildet, sondern wachsen nach dem Prinzip Learning by doing in ihren Job hinein. Anders ausgedrückt: Das kann jeder. Andererseits beklagen wir, daß viele der älteren Arbeitslosen den Ansprüchen der modernen Technologiegesellschaft nicht mehr gewachsen sind. Aber im Laufe ihres Lebens haben sie eine hohe soziale Kompetenz erworben. Spätestens hier sollte jeder merken, daß da etwas zusammenpaßt.

Man muß es nur noch konsequent zusammenfügen. Wie sähe das aus? Es würde ein „zweiter Arbeitsmarkt" im Bereich der Solidarität und der Zuwendung zu den schwachen Mitbürgern entstehen. Und die Menschen, die auf dem bisherigen „ersten Arbeitsmarkt" schwer unterzubringen waren, könnten ihre sozialen Fähigkeiten in diesem „zweiten Arbeitsmarkt" erfolgreich einbringen. Bezahlt würden sie in einer Art Kombilohn: zu einem Teil in Geld, zum anderen in Form von Betreuungsansprüchen im Alter oder im Krankheitsfall. Dieses genossenschaftliche Prinzip könnte unsere Solidargemeinschaft in jeder Hinsicht stärken.

Heute stellen wir lapidar fest, daß unser Sozialsystem ohne Zivis nicht überleben kann. Aber hat nicht der Zivildienst seine bedeutende Rolle entwickeln können, weil er die Illusion erzeugt hat, er könne fast zum Nulltarif eine Versorgungs- und Personallücke im sozialen Bereich schließen?

Ein grandioser Irrtum: Die Kosten – einschließlich der Steuerausfälle und staatlichen Zuschüsse – für einen Zivildienstleistenden belaufen sich für die öffentliche Hand auf fast 30 000 EURO pro Jahr. Unsere 140 000 Zivis kosten jährlich rund 4,1 Milliarden! Wenn das kein Anreiz ist, den Arbeitsmarkt umzukrempeln.

Vielleicht werden wir trotz allem den Zivildienst nicht abschaffen können. Aber allein die Möglichkeit, daß er wegfallen könnte, sollte dazu führen, daß wir noch einmal grundsätzlich nachdenken über die Sozialstruktur unserer Gesellschaft und neu zu entwickelnde Arbeits- und Berufsfelder. Die Frage lautet: Wer sichert künftig in unserer Gesellschaft das soziale Miteinander, die Solidarität von Starken und Schwachen? Weder die Globalisierung noch Roboter und Computer werden dieses Problem lösen.

Kunst und Wirtschaft

Der Vorteil des Menschen gegenüber der Technik

In Amtsstuben ist kreatives
Chaos selten gefragt!

Kunst und Kultur inspirieren uns und fördern unsere Kreativität. Deshalb spielen sie eine zentrale Rolle in unserem Leben. Kunst ist oft unstrukturiert und chaotisch. Aber genau dieses Chaos ist es, das wir Menschen benötigen, um daraus jene Kreativität schöpfen zu können, die an der Schwelle zum dritten Jahrtausend immer wichtiger wird. Es zeigt sich nämlich immer deutlicher, daß *Kreativität* und *Einfallsreichtum* zum entscheidenden Erfolgsfaktor bei der Bewältigung zukünftiger Probleme werden.

Die modernen Technologien nehmen uns Menschen immer mehr Arbeiten im produktiven Bereich ab. Was die Menschen können, kann die Technik fast immer besser, denn die Hardware, also Apparate, Maschinen und Computer, sind längst schneller und präziser als der Mensch.

Wir Menschen müssen deshalb zunehmend erkennen, daß wir gegeüber der Technik nur einen entscheidenden Vorteil besitzen: Wir können Informationen bewerten! Wir können damit umgehen – vorausgesetzt wir sind in der Lage, komplexe Probleme zu strukturieren und darauf angemessen zu reagieren. Hier geht es darum, Wirkungszusammenhänge zu antizipieren. Dazu bedarf es

Phantasie und Kreativität, Dispositionen, die man erlernen und trainieren muß. Das sind völlig neue Anforderungen, deren Auswirkungen sowohl weit in unser Bildungssystem als auch in unsere Kulturpolitik hineinreichen.

Im Bildungswesen denken wir immer noch in den klassischen Kategorien der Wissensvermittlung. Doch die Frage wird zunehmend sein, wie die jungen Menschen mit Informationen umgehen. Hier ist die Bildungspolitik gefordert! Die Auseinandersetzung mit Kunst kann ihnen Inspirationen liefern und ihnen Kompetenz im Umgang mit komplexen Informationen geben. So sind sie in der Lage, kritisch Informationen zu bewerten und daraus zu generieren.

Viele erfolgreiche Menschen beschäftigen sich mit Kunst und Kultur, denn sie unterstützen ihre Intuition und Kreativität. Die Auseinandersetzung mit Kunst ist ein offener Prozeß, selbst der Künstler kennt den Ausgang seiner Experimente oft nur ansatzweise. Das ist eine Tatsache, die die Kulturpolitik bisher ungern zur Kenntnis genommen hat, denn sie wird in Amtsstuben gemacht, und dort ist kreatives Chaos selten gefragt! Kunst und Kultur hingegen lieben das chaotische Element. Daß die Politik das nicht tut, ist wahrscheinlich ein Grund für die ständige Frage nach dem Nutzen von Kunst in einer offenen Gesellschaft.

Auf die Frage „Wozu nutzt Kulturförderung?“ kann es keine befriedigende Antwort geben. Aber alle Gesellschaftsteile, auch die Wirtschaft, können Kunst nutzbar machen, selbst wenn sie sich nicht über Nutzen definieren läßt. Sie macht Angebote, wie Ziele erreicht werden können. Sie bietet Alternativen und andere Sichtweisen. Die Kunst zeigt uns, daß der Spielraum des Möglichen nie ausgeschöpft ist und erzeugt deshalb eine befreiende Distanz zur Realität.

Nichts anderes machen übrigens Existenzgründer: Sie wagen Experimente und haben oft genug Erfolg. Existenzgründer haben die Distanz zur Realität, die sie brauchen, um das Neue sehen zu können. Gute Unternehmer sind auch in gewissem Sinne Künstler, getreu dem Motto: Die Fäden zieht der Schöpferische! Und nicht umsonst bezeichnet Schumpeter seinen Entrepreneur als den „Schöpferischen Unternehmer"!

Kultur beeinflußt Menschen, Regionen, ganze Volkswirtschaften. Alles was Kultur leistet und ist, findet seinen Niederschlag im Menschen und somit auch in der Wirtschaft. Nicht ohne Grund bezeichneten daher in einer Umfrage drei Viertel aller befragten Manager Kultur als einen zentralen Standortfaktor. Wenn das gilt, dann muß die Wirtschaft konsequent in den kulturellen Standort investieren, weil sich das mittel- und langfristig ökonomisch auszahlt. Ein Unternehmen, egal wie groß, trägt gesellschaftliche Verantwortung, genau wie ein Bürger. Viele scheuen deshalb auch die Verantwortung für Kunst und Kultur nicht. Im Gegenteil: Oft ist es vielmehr der Staat, der einer vernünftigen privaten beziehungsweise bürgerschaftlichen Kunstförderung im Wege steht.

Die rechte Gehirnhälfte

Wir müssen aufpassen, daß das Kreative nicht zu kurz kommt

Deutschland hat nach wie vor die ältesten Studenten und die jüngsten Rentner.

Es gibt eine große Übereinstimmung in Deutschland, daß wir dringend eine Bildungsreform brauchen. In den internationalen Vergleichen steht Deutschland, sowohl wegen seiner Bildungsausgaben – bezogen auf das Sozialprodukt – als auch wegen der unflexiblen Struktur des Schulwesens und der Hochschulen, schlecht da. Und immer noch gilt der banale Satz: Deutschland hat nach wie vor die ältesten Studenten und die jüngsten Rentner. Aber geht es bei der Bildungsreform, die wir brauchen, wirklich nur um verkürzte Studienzeiten, mehr Wettbewerb unter den Hochschulen, ein besseres Verhältnis der Relation Schüler : Lehrer? Ich glaube, es geht zusätzlich um eine Reform der Bildung im Wortsinne.

Ohne jeden Zweifel: Unsere Kinder und Enkel leben in einer Wissens- und Informationsgesellschaft. Schon heute gibt es 2,1 Milliarden Internetseiten, und 7 Millionen kommen täglich hinzu. Deshalb ist es wichtig, daß der Umgang mit Such- und hoffentlich bald Findemaschinen im Internet zur Ausbildung von jungen Menschen gehört. Aber wie lernen Menschen, diese Flut von Daten zu Informationen zu verarbeiten? Können Lehrer ohne fortdauernde Weiterbildung im wissenschaftlichen Bereich überhaupt noch Physik, Chemie, Biologie und andere klassische naturwissenschaftliche Fächer unterrichten? Besteht nicht die Gefahr, daß zwar das Schüler-Lehrer-Verhältnis stimmt, aber die Fächer, in denen sich das Wissen alle fünf Jahre verdoppelt, vernachlässigt werden?

Wer die ersten Untersuchungen über die Entwicklung der Lehrerzahlen im naturwissenschaftlichen Bereich und den dortigen Nachwuchs betrachtet, der muß die Sorge haben, daß die Tatsache, daß wir im letzten Jahrzehnt in Deutschland immer weniger Wissenschaftler ausbilden und ein großer Teil der Fähigsten ins Ausland abwandert, zu einem gnadenlosen Wettbewerb um die Besten führen wird, den sicher die Industrie gegen die öffentliche Hand gewinnen wird. Aber dahinter steht vielleicht noch ein anderes Problem, dem die Bildungsfachleute und die politisch Verantwortlichen ihr Augenmerk schenken müssen, nämlich der Schulung der rechten Gehirnhälfte.

Wir wissen, daß die linke Gehirnhälfte für rationales logisches Denken, für die Sprache, für das Bewußtsein, für die Lösungsfindung durch Analyse und den Blick fürs Detail zuständig ist. Es wird gelernt, wie man denkt und arbeitet – sukzessive Schritt für Schritt – und die Dinge nacheinander wahrnimmt und abstrahiert. In diesem Bereich werden uns die technologischen Fortschritte gewaltig helfen und den Menschen entlasten.

Was aber ist mit der rechten Gehirnhälfte, die zuständig ist für Fantasie, für Gefühl, für Kreativität, für das Denken in Bildern und die sinnlichen Wahrnehmungen, für das Unterbewußtsein, für die Lösungsfindung durch

Synthese und Analogien? Hier entsteht der Blick fürs Ganze, für simultane Arbeit und für die gleichzeitige Wahrnehmung mehrerer Dinge. Und sind das nicht all die Fähigkeiten, die die Menschen immer mehr brauchen, denn hier bringt der technologische und wissenschaftliche Fortschritt keine Entlastung?! Müssen wir nicht aufpassen, daß – während wir die Logiker und Informatiker ausbilden – das kreativ Musische nicht zu kurz kommt?

In den siebziger und achtziger Jahren wurde in Baden-Württemberg begonnen, ein Netz von Jugendmusikschulen aufzuziehen und Jugendkunstschulen zu entwickeln. Während die Jugendmusikschulen einen festen Standort – vor allem durch kommunale Anstrengungen – und die Unterstützung des Landes gefunden haben, ist das Netz der Jugendkunstschulen noch sehr schwach und gefährdet. Und wie steht es um unsere Jugend- und Kleintheater? Wie steht es überhaupt um die Förderung der gestalterischen Fähigkeiten unserer Kinder?

Die ehrliche Bilanz muß uns erschrecken. Bisher habe ich die These vertreten, daß in jedem Menschen ein Künstler steckt. Dem muß man nicht zustimmen. Aber sicher ist, daß so, wie die Begabungsansätze im linken Bereich unseres Gehirns gefördert und unterstützt werden können, dies auch mit den Ansätzen von Trainingsmöglichkeiten der rechten Gehirnhälfte geschehen kann. Wenn wir über das Geschöpf Mensch nachdenken und über moderne medizinische Erkenntnisse – die Entschlüsselung der Gene und die Problematik des Klonens – diskutieren, muß uns dies alles ja zu der Frage führen, wie wir das Individuelle und Einzigartige in den jungen

Menschen fördern und entwickeln können. Baden-Württemberg war pionierhaft bei der Entwicklung seiner Forschungs- und Hochschullandschaft und liegt sicher an der Spitze des Wettbewerbs um die besten Qualifikationseinrichtungen für Informatiker. Aber in einer schnellebigen Zeit sind das kurzfristige Programme.

Wie wäre es mit einer Bildungspolitik, die Kreativität und deshalb eine dauerhafte Überlegenheit des Menschen über die Maschine – und sei sie noch so intelligent – sicherstellt?! Ich bin überzeugt, daß nach dem amerikanischen ein europäisches Jahrzehnt kommt. Dazu muß sich jedoch der alte Kontinent auf seine Stärken besinnen. Um sie eines Tages auszuspielen, sollte er seine junge Generation dort stärken, wo der Wettbewerb entschieden wird.

Ludwig Erhards Erben

Wohlstand durch ein neues Leitbild

Die soziale Marktwirtschaft im 21. Jahrhundert

Für die Unternehmer kommt es immer mehr darauf an, zwar global zu denken, aber lokal zu handeln!

Mit der Gründung der Bundesrepublik nach dem Zweiten Weltkrieg hatte Ludwig Erhard einen Traum: Wohlstand für alle durch ein neues Leitbild – die soziale Marktwirtschaft. Sie sollte individuelle Freiheit und soziale Sicherheit miteinander verbinden. Für Erhard und die Verfechter der sozialen Marktwirtschaft war dies nur über eine gezielte Wirtschaftspolitik zu verwirklichen. Sie mußte so beschaffen sein, daß Wirtschaften nicht zum Selbstzweck geschieht, sondern zu Frieden und Wohlstand führt.

Ludwig Erhards zentrale wirtschaftliche Orientierungspunkte waren das Privateigentum und der Wettbewerb. Damit stand er im Gegensatz zur planwirtschaftlichen Fixierung auf die Prinzipien von Hierarchie und Gemeineigentum, die früher oder später zu Machtmißbrauch und Ressourcenverschwendung führen müssen. Besonders wichtig war für Erhard die Förderung des Wettbewerbs. Dieser ist nicht per se gut oder schlecht, er ist lediglich ein Mittel zur Erreichung des Ziels individueller Freiheit in der Wirtschaft.

Ludwig Erhard ging es dennoch nicht um die Errichtung eines liberalen „Nachtwächterstaates". Der moderne Leistungsstaat ist längst eine nicht mehr wegzudenkende Voraussetzung für das Funktionieren unserer hochentwickelten und komplexen Gesellschaft geworden. Erhard ging es vielmehr um die Verbindung der Triebkräfte einer marktwirtschaftlichen Ordnung einerseits mit den humanen Idealen unserer Kultur andererseits. Bereits vor über vierzig Jahren warnte er vor dem „modernen Wahn des Versorgungsstaates". Er erkannte schon zu damaligen Zeiten, daß ein überbordender Sozialstaat die Leistungsbereiten demotiviert und die wirtschaftlichen Aktivitäten lähmt.

Ich bin überzeugt, würde Erhard mit der heutigen Welt konfrontiert – er könnte sich schnell eindenken. Viele Probleme sind heute noch die gleichen wie vor vierzig Jahren. Nur haben Unternehmen heute andere Möglichkeiten, sich der nationalen Wirtschaftspolitik zu entziehen. Dank immer preiswerterer Transportmöglichkeiten und immer besserer Informationstechnologien sind sie heutzutage in der Lage, Produkte und Dienstleistungen an fast jedem Ort der Welt zu erstellen. Kapital, aber zunehmend auch die Menschen, sind mobiler denn je, und unser gutes altes „Made in Germany" hat ausgedient.

Unternehmen, immer mehr auch mittelständische, schließen sich grenzüberschreitend zusammen oder organisieren sich in globalen netzwerkartigen Strukturen. Allein im ersten Halbjahr 2000 gab es weltweit mehr als 18 000 Unternehmensfusionen und Übernahmen im Wert von fast 1,9 Billionen US-Dollar. Die Welt ist enger zusammengerückt, und ein Markt läßt sich nicht mehr national abgrenzen. Trotz der zahlreichen Zusammenschlüsse und

Fusionen wird aber eines klar: In einer weltweit agierenden Wirtschaft kommt es für die Unternehmen immer mehr darauf an, zwar global zu denken, aber lokal zu handeln!

Deshalb stehen heute alle Standorte in Europa und der Welt miteinander im Wettbewerb. Heute konkurrieren nicht mehr Frankreich, Italien und Deutschland miteinander, sondern es konkurrieren Jena mit Stuttgart, Stuttgart mit Rom, und diese zusammen konkurrieren mit Bratislava oder Zagreb um Investitionen und Arbeitsplätze. Durch diese Globalisierung geraten alte Spielregeln ins Kreuzfeuer der Kritik, die man jahrelang für unantastbar hielt. Der Status quo gerät ins Wanken. Auf einmal wird über eine fast zehnprozentige Senkung des Spitzensteuersatzes debattiert, und private Altersvorsorge und private Gesundheitsdienstleistungen sind nicht mehr tabu. Die Freiheit des einzelnen, jahrelang der Sicherheit der gesamten Gesellschaft untergeordnet, bekommt einen neuen Stellenwert. Im Kern muß es der Wirtschaftspolitik wieder darum gehen, den Unternehmen im internationalen Wettbewerb Chancen zu eröffnen und gleichzeitig allgemeingültige Spielregeln aufzustellen, die Investitionen nicht behindern und den Standort wettbewerbsfähig halten.

Bei der Lektüre von Ludwig Erhards berühmtem Buch „Wohlstand für alle“ wird man deshalb ganz schnell feststellen, daß zwar einzelne Spielregeln ihre Gültigkeit verloren haben, daß jedoch das Leitbild der sozialen Marktwirtschaft nichts von seiner grundsätzlichen Bedeutung für unser Wirtschaftssystem eingebüßt hat.

Wir waren mal die Apotheke der ganzen Welt ...

Die Menschen müssen künftig mehr Geld für ihre Gesundheit ausgeben

Das Zeitalter der Zuwendung zu den Menschen könnte ein neues europäisches Zeitalter sein, das die Deutschen anführen.

Der Reparaturversuch am deutschen Gesundheitswesen wird scheitern, solange versucht wird, ein Stück Planwirtschaft dort zu erhalten, wo die Marktwirtschaft am dynamischsten ist: bei der Befriedigung menschlicher Bedürfnisse. Betrachten wir die Sache doch einmal so: Voller Stolz verkündet die Bundesregierung, daß die Zahl der jungen Start-up-Unternehmen im Biotechnologiebereich zugenommen hat und daß sich der Einsatz öffentlicher Mittel als Risikokapital schneller ausgezahlt hat als erwartet. Die Wirtschaftsregionen der Nation stehen nun miteinander im Wettbewerb und bauen Biotechnologiezentren auf.

Viele dieser Unternehmen werden rasch Erfolg haben – das ist ja wohl das Ziel der Anstrengungen. Dann wird es jedes Jahr unglaublich spannende neue Medikamente und Behandlungsmethoden geben, und am Ende haben wir die Mittel, das Leben der Menschen zu verlängern, die Lebensqualität von Älteren und Schwerkranken gewaltig zu verbessern. Das klingt gut. Aber: Wenn nun diese Milliardeninvestitionen durch den Verkauf der Medikamente oder die Anwendung der medizinischen Verfahren wieder eingespielt werden müssen, explodieren die Gesundheitskosten weiter.

Nimmt man einmal die verfügbare Prognoseliteratur zur Hand, die Untersuchungen über die Kondratieff-Zyklen von Nefiodow zum Beispiel oder den Delphi-Report, wird man erkennen, daß die nächste große Innovationswelle nach der Informations- und Wissensexplosion des Internets die sogenannten Human Resources erfassen wird: Faktoren wie psychosoziale Gesundheit, Pflege, Betreuung, Wohlbefinden – also im Kern neue Chancen für die Menschen.

Das Internet-Zeitalter beherrschen die Amerikaner. Das Zeitalter der Zuwendung zu den Menschen könnte ein neues europäisches Zeitalter sein, das die Deutschen anführen. War nicht diese Nation einmal die Apotheke der Welt und brachte die besten Mediziner hervor?

Es würden Hunderttausende Arbeitsplätze mit hoher ethischer Zielsetzung und hoher Wertschöpfung entstehen. So kommen wir aus dem Dilemma heraus, der Welt immer nur Maschinen und Produkte anbieten zu können, deren Fertigung die Schwellenländer bald selbst beherrschen werden. Wenn wir im internationalen Wettbewerb nicht weiter absteigen wollen, müssen wir aus diesem Dilemma heraus. Was ist also zu tun?
Erstens: Wir müssen den Menschen erklären, daß sie künftig viel mehr Geld für Gesundheit und Vorsorge ausgeben und für andere Konsumwünsche weniger zur Verfügung haben werden. Nur so können die Investitionen im Gesundheitsbereich wieder eingespielt werden.

Zweitens: Wir brauchen ein System, bei dem alle Anbieter von Gesundheitsleistungen im Wettbewerb miteinander stehen wie auf anderen Märkten auch. Das Werbeverbot für Ärzte muß endlich gekippt werden. Dann können wir es uns auch ersparen, Mediziner in einem starren System nach Maßgabe ihrer Heilerfolge zu bezahlen. Das Problem würde uns der Markt abnehmen – aber nur dann, wenn die Ärzte mit ihren Erfolgen werben dürfen.
Drittens: Der Patient wird sich künftig bei einer im Wettbewerb stehenden Kasse versichern. Damit wäre auch die Diskussion um Raucherzuschläge ein für alle Mal beendet. Die Menschen finden dann einfach keine Versicherung ohne Raucherzuschlag mehr.
Viertens: Es muß ein abgestuftes Beitrags- und Prämiensystem geben für Junge und für Alte, für besonders Gesunde und Gebrechliche. So – und nur so! – werden die Menschen zu richtigen gesundheitlichen Verhaltensweisen angetrieben.

Wir würden überrascht sein, was an Zusatzversicherungen dann abgeschlossen wird. Und es wird uns alle überraschen, mit welchen Einfällen Versicherungsunternehmen auch die Menschen mit hohen Risiken übernehmen, wenn nur die Prämien gezahlt werden.

Wo dabei die sozial Schwachen bleiben? Für die Schwachen wird die Rentenversicherung oder der Staat den Teil der Versicherungsprämie zur Grundversorgung zahlen, den sie selbst nicht aufbringen können. Denn klar ist: Nicht alle Bürger werden sich alles leisten können. Aber dieses Problem haben wir heute schon. Wenn man verbietet, daß Gesundheitsleistungen in Deutschland angeboten werden, dann holen die Reichen sie sich im Ausland! Die Reichen werden ihre Bedürfnisse mit Zusatzversicherungen befriedigen, und die Schwachen werden sich zusammenschließen, um vom Staat mehr Leistungen zu fordern.

Wenn wir in der Wirtschaft nicht sicher sind, ob wir die richtige Lösung haben, machen wir immer unkonventionelle Modellversuche. Erweisen sie sich als erfolgreich, führen wir sie ein. Wenn wir im Gesundheitswesen so weitermachen, wird man schon bald den Biotechnologieunternehmen verbieten müssen, ihre erfolgreichen Forschungen in Produkte umzusetzen, weil wir dann mehr Alte haben werden und dadurch die Lohnnebenkosten steigen. Den vielen Menschen, die gern Dienstleistungen im Gesundheitswesen verkaufen möchten, wird man wegen der Kosten letztlich Arbeitsverbot geben müssen! Wachsen wird nur die große Bürokratie, die das alles kontrolliert und überwacht. Die Planwirtschaft läßt grüßen.

Auf die richtige Bahn

Wenn wir die überregionalen Strecken ausbauen, werden die innerdeutschen Flüge weitgehend eingestellt

Marktwirtschaft funktioniert nur in einem marktwirtschaftlichen Umfeld.

Die Bahnreform ist gescheitert. Es war falsch zu glauben, eine privatrechtlich organisierte Deutsche Bahn AG könne Gewinne abwerfen – und zugleich von Investitionshilfen der öffentlichen Hand zehren, die immerhin einem Drittel des Jahresumsatzes entsprechen. Daß ein solcher Spagat auf Dauer nicht klappt, haben wir in Ostdeutschland zur Genüge erfahren: beim Umbau von Kombinaten zu wirtschaftlichen Unternehmen.

Marktwirtschaft funktioniert eben nur in einem marktwirtschaftlichen Umfeld. Die Bahn kann nicht beides sein – Gegenstand umfassender Strukturpolitik und privatwirtschaftsrechtliches Unternehmen. In jedem Bundesland gibt es große Bahn-Projekte, oft eher städtebaulicher Natur, die ohne Rücksicht auf Wirtschaftlichkeit durchgesetzt werden und an denen sich die Bahn AG finanziell beteiligen muß. Auch mit ihrer Steuerpolitik sorgt die Regierung für Durcheinander. Das jetzt erkennbare Dilemma ist eine Chance, über die Verkehrspolitik und die Bahn grundsätzlich nachzudenken. Dazu einige Ansätze und Empfehlungen:

Der *Regionalverkehr* sollte wirtschaftlich nichts mit der Deutschen Bahn AG zu tun haben. Er muß sich an den strukturpolitischen Bedürfnissen ausrichten und kann deshalb nur öffentlich finanziert und betrieben werden. Das kann durchaus bedeuten, daß der regionale Hoheits- und Verkehrsträger die Infrastruktur baut, den Betrieb aber privaten Unternehmen im Wettbewerb überträgt. Beim Vergleich der Regionen wird so schnell sichtbar, wie sich die politischen Ziele des Regionalverkehrs am kostengünstigsten erreichen lassen.

Beim *Personenfernverkehr* muß die Bahn ein Konzept ausarbeiten, wie er langfristig wirtschaftlich sein kann. Dabei sollte der Bund nur das Defizit übernehmen, das sich aus dem mangelhaften Zustand von Trassen ergibt. Voraussetzung: Die Strecke wäre bei einwandfreier Infrastruktur wettbewerbsfähig. Erst wenn das geregelt ist, zahlen Bahn oder ihre privaten Wettbewerber angemessene Nutzungsgebühren. Ich bin überzeugt: Wenn wir die überregionalen Bahnstrecken ausbauen und modern betreiben, werden die innerdeutschen Flüge weitgehend eingestellt – und im überlasteten Luftraum ist wieder mehr Platz für internationale Flüge.

Der *Güterfernverkehr* wird niemals rentabel, solange er nicht auf modernen, nur für ihn reservierten Schienenwegen betrieben wird. Auch hier braucht man klare, langfristige politische Rahmenbedingungen und eine Infrastruktur, die den schnellen Fernverkehr im Wettbewerb zur Straße ermöglicht. In den vergangenen zehn Jahren hat die Bahn hier stetig Marktanteile verloren. Sie braucht eigentlich gar nicht anzutreten, solange sie inklusive Rangierzeiten auf folgende Durchschnittsgeschwindigkeiten kommt: in Westdeutschland sechzehn Stundenkilometer (gewöhnliches Fahrradtempo), im Osten sechs (verschärfter Fußmarsch). Es gilt dasselbe wie beim Personenverkehr: Die Bahn muß die Schienennetze festlegen, auf denen sie antreten will, und bis zur vollständigen Instandsetzung einen aus den Nachteilen berechneten Ausgleich bekommen. Was den regionalen Güterverkehr betrifft: siehe Regionalverkehr.

An den *Bahnhöfen* steigen die Fernverkehrsbenutzer auf den Regionalverkehr oder auf andere Verkehrsmittel um. Was hier sonst noch los ist, geht die Bahn nichts an. Es gibt genügend private Investoren, die mit modernen Einzelhandels-, Dienstleistungs- oder Unterhaltungsangeboten selbständig Kunden gewinnen wollen. Standortwettbewerb ist Ideenwettbewerb – das heißt, aus den gegebenen Möglichkeiten ohne artfremde Finanzierungen das Beste zu machen. Die Bahn sollte die Möglichkeit bekommen, alle frei werdenden Bahnhöfe, Grundstücke und Schienenwege am Markt zu veräußern. So könnte ein großer Teil des notwendigen Investitionsvolumens aufgebracht werden. Und die darniederliegende Baukonjunktur würde dies in gewaltige Bewegung versetzen.

Die *Steuerpolitik* darf die Bahn nicht länger benachteiligen. Wer versteht schon, daß die Mineralölsteuer im Luftverkehr entfällt, während sie bei der Bahn voll als Kostenfaktor durchschlägt? Und wer versteht, daß wir mit einem beträchtlichen Teil der Mineralölsteuer (die Regierung nennt ihn Ökosteuer) die Rentenversicherung subventionieren? Da können wir doch gleich bei der nächsten Schieflage in der Rentenkasse die Leute auffordern, sonntags 500 Kilometer extra zu fahren! Würde man alle Einnahmen aus der Mineralölsteuer für die Verkehrsinfrastruktur einsetzen, könnten wir mit mehr Verständnis rechnen.

Die Bilanz der New Economy

Der Rohstoff liegt in den Gehirnen der Führungskräfte

Kindergärten und Fitneß-Studios kosten weniger, als gute Mitarbeiter mit viel Aufwand zu ersetzen.

Nun ist es so weit, haben die Skeptiker angesichts der Pleiten und Kursstürze von Werten des Neuen Marktes gesagt. Das konnte ja nicht gutgehen. Dabei spielt sich ein ganz normaler Vorgang ab. Der Neue Markt kommt von der Pubertät ins Erwachsenendasein. Zwar konnten einige Flops die Erwartungen der Anleger nicht erfüllen. Doch sowohl an der amerikanischen Nasdaq als auch am deutschen Neuen Markt bleiben zahlreiche Unternehmen übrig, deren Börsenwert einige Milliarden beträgt, obwohl sie bisher noch kein Geld verdient haben.

Das Entscheidende an der New Economy ist, daß sich der Wert der Unternehmen nicht in erster Linie materiell bestimmt. Die von den Unternehmen entwickelten Produkte, Ideen und Services sind nicht mehr von den Gebäuden und den Maschinen abhängig, sondern von Software und Geschäftsideen. Und die sind nicht richtig bilanzierbar.

Schon vor der Einrichtung des Neuen Marktes drifteten die Buch- und Börsenwerte der deutschen Unternehmen zunehmend auseinander. 1978 betrug der durchschnittliche Buchwert einer Studie zufolge noch 95 Prozent der Börsenkapitalisierung, zehn Jahre später waren es 28 Prozent, heute sind es nur noch 20 Prozent. Wir alle kennen das Phänomen: Bei Unternehmensverkäufen spielt immer mehr der bezahlte Goodwill eine Rolle – also die Differenz zwischen dem Wert der bilanzierten Nettoaktiva und dem Kaufpreis.

Hier wird sichtbar, daß der Rohstoff der New Economy in den Gehirnen der Manager und Führungskräfte liegt. Investoren und Finanzanalysten sind sich heute einig – und die Bewertung von großen Traditionsunternehmen an der Börse zeigt das –, daß der Unternehmenswert immer weniger durch die realen Vermögenswerte und aktiven Sachanlagen bestimmt wird. Statt dessen geben immer mehr die immateriellen Werte den Ausschlag: qualifizierte und motivierte Mitarbeiter, Kunden- und Lieferantenbeziehungen sowie das notwendige Know-how.

Ich kenne kaum ein junges Unternehmen der New Economy, das auf den Gedanken käme, mit seinen Börsenerlösen ein Grundstück zu kaufen und ein Bürogebäude darauf zu errichten. Viele schaffen noch nicht einmal die Computer und Telefone selbst an, die sie für die Produktion von Software oder Geschäftsideen benötigen, sondern sie leasen sie: Wegen ständiger Innovationen muß die Hardware so rasch erneuert werden, daß sie keinen echten Bilanzwert darstellt.

Wenn heute Unternehmen zu Milliardenwerten übernommen werden, die im Grunde keine Sachwerte besitzen, dann ist die wichtigste Aufgabe des Käufers die Sicherung der High Potentials! Diese Spitzenkräfte müssen dem Unternehmen erhalten bleiben. Verlassen sie die Firma, ist der Kaufpreis verloren. Welche Bedeutung der Aspekt der Führungskräfte hat, ist daran erkennbar, daß immer mehr Firmen ihre Mitarbeiter nicht nur mit Gehalt und Stockoptions, also mit Anrechten auf Aktien des Unternehmens, belohnen. Sie bauen auch Akademien oder Corporate Universities auf und steigern mit solchen firmeneigenen Bildungseinrichtungen mittelbar den eigenen Börsenwert. Außerdem verstehen sich immer mehr der Spitzenkräfte als Coaches für ihre Mitarbeiter und fühlen sich sogar für Familienprobleme zuständig. Verstärkt werden firmeninterne Kindergärten eingerichtet und Fitneß-Studios, Saft- und Müslibars und vieles mehr. All diese Angebote kosten viel weniger, als gute Mitarbeiter mit viel Aufwand zu ersetzen.

Interessant ist nur, daß bei Bilanzen und Geschäftsberichten im formalen Teil immer noch die Beschreibung der Ressourcen der Old Economy im Vordergrund steht. Die entscheidenden Ressourcen der New Economy finden hier praktisch keinen Niederschlag. Statt dessen streiten wir über Abschreibungsregeln und über die Frage, ob ein Computer über drei oder vier Jahre steuerlich geltend gemacht werden darf. Für ein hochmodernes Unternehmen ist er schon nach einem Jahr ein Wegwerfprodukt. Das richtige Nachdenken über die New Economy und ihre Folgen hat erst begonnen.

Der Markt muß den Neuen Markt neu ordnen

Arbeit hilft schnell zur Ernüchterung

Die schnelle Allerweltslösung mit hohen Lizenzeinnahmen und garantiertem Erfolg gibt es nicht.

Viele Werte, vor allem die des sogenannten Elektronic Business, können die in sie gesetzten Erwartungen nicht erfüllen. Dafür gibt es viele Gründe und viele Schuldige: Die Goldgräberstimmung der Anleger, die lockeren Spielregeln der Börse, die Banken, die Fondsmanager, die zu optimistischen Markteinschätzungen und vieles mehr. Und nun sollen staatliche Aufsicht und behördenähnliche Strukturen alles ordnen und kontrollieren. Zuerst die Spielbank und dann die Planwirtschaft als Alternative!

So wird das nichts. Der Markt und die Unternehmer müssen den Neuen Markt sanieren, ordnen und neu aufbauen. Aber genauso wenig, wie es hilft, jetzt schnell von irgendwelchen noch nicht aufgeklärten Anlegern neue Risikokapitalfonds zusammenzusammeln – also gewissermaßen neues Holz für die Burnrate –, so wenig hilft es jetzt, die im Prinzip richtige und notwendige Institution des Neuen Marktes zu verdammen. Wir brauchen den Neuen Markt, denn wir brauchen Risikokapital für alte und junge innovative Unternehmer.

Um wieder Vertrauen für diesen Markt zu schaffen, müssen die Leichen ins Grab, die Verletzten operiert, zur

Genesung geführt und fit für ihre Aufgabe gemacht werden – sozusagen „Sanierung im Kindesalter". Denn am Ende ist die momentane Situation nichts anderes als die Lösung von Sanierungsfällen, die es im unternehmerischen Geschäft immer wieder gibt. Die Symptome sind neu, aber die Arzneien und Operationsmethoden sind die althergebrachten.

Betrachten wir einmal die Entwicklung im sogenannten E-Business näher. Dieses Geschäft wächst nicht so schnell wie erwartet, und die Vorinvestitionen sind umfassender und langwieriger, als man vorausgesagt hat. Die potentiellen E-Business-Kunden wissen inzwischen, daß man – um die modernen Informations- und E-Business-Systeme aufzunehmen und einzusetzen – nicht nur ein erhebliches Budget, sondern auch genügend eigene Fachkompetenz benötigt, um mit den jungen Inhabern von Geschäftsmodellen und Softwaretools über einen mehrjährigen Prozeß integrative Modelle – oft maßgeschneidert – zu entwickeln. Die schnelle Allerweltslösung mit hohen Lizenzeinnahmen und garantiertem Erfolg gibt es eben nicht.

Nun existieren aber zu viele Start-up-Unternehmen, die mit einer einleuchtenden Geschäftsidee einen potentiellen Bedarf des Kunden abdecken können und wollen. Aber dieser Kunde will keine Tools und Dienstleistungen, die nicht zusammenpassen, er will eine Lösung seiner gesamten Probleme. Deshalb gibt er nicht einfach nur viel Geld aus, sondern verhandelt Monate lang über den richtigen Einstieg, die richtige Kombination und die richtigen Schritte.

Plötzlich erkennen die jungen Unternehmen, daß sie nicht breit genug aufgestellt, auf dieses Verfahren nicht ausreichend vorbereitet sind und ihnen die Zeit wegläuft. Da aber nun alle Beteiligten wissen, wie langwierig und schwierig die Beratungs- und Installationsprozesse sind, wissen auch alle, daß sie sich die notwendige Zeit lassen können, um die optimale Lösung mit Partnern und Beratern zu erarbeiten – die anderen machen ja auch langsamer. Das große Budget schrumpft dann zu einem Einstiegsauftrag – und dieser kommt langsamer als erwartet. Im Ergebnis: Die Umsatzsteigerungen bleiben unter Plan.

Da aber, um rechtzeitig für das ganz große Geschäft vorbereitet zu sein, die Investitionen der jungen Start-up-Unternehmen in Produktentwicklung, Service-Einrichtungen im In- und Ausland, in teure Mitarbeiter und Büros getätigt worden sind – oft auch noch mit Hilfe rascher und mangelhaft durchdachter und kontrollierter Akquisitionen (Cybercash gegen Cybercash) –, ist der Anfangsverlust weit höher als geplant. Also werden Umsatzziele nicht erreicht, dafür aber die geplante Burnrate weit übertroffen.

Was ist die notwendige Konsequenz? Die Unternehmen, die zusammenpassen, müssen sich (bevor der Cash weg und die Insolvenz da ist) zusammentun, um kritische Größen zu erreichen. Überlappungen müssen beseitigt und die Overhead-Kosten drastisch reduziert werden. Weiterhin müssen durch die Entwicklung von projektorientierten Arbeitsgruppen die richtigen fachkundigen Gesprächspartner für die verschiedenen Kunden mit ihren umfassenden Ansprüchen aufgebaut werden. Wenn mehrere Unternehmen ihr noch vorhandenes Kapital zusammenlegen, ihre Umsätze koordinieren, gemeinsam konsolidieren, sich durch hartes Kosten-Management realistische Break-even-Ziele setzen und diese dann auch erreichen, werden sie zuerst das Vertrauen der Kunden und dann (aber erst dann) der Aktionäre und des Kapitalmarktes wiedergewinnen. So schwinden zwar die Aussichten, in wenigen Jahren Milliardär zu sein, aber es wachsen die Chancen, zum erfolgreichen Unternehmer zu werden.

Und wer soll diesen Prozeß anregen und lenken? Gewiß nicht Behörden und Aufsichtseinrichtungen! Das müssen dieselben Venture-Kapitalisten, Banker, Analysten, Fondsmanager und auch Journalisten tun, die alle auf der Party waren und jetzt ihren Kater pflegen. Arbeit hilft schnell zur Ernüchterung!

Wenn die unrettbaren Unternehmen durch Insolvenz vom Markt verschwunden sind, die anderen durch Sanierung und Fusion ihre Wettbewerbsfähigkeit zurückgewonnen haben, wenn dann noch einige allein erfolgreich sind und positive Schlagzeilen machen, ist der Neue Markt wieder das, was er ursprünglich sein sollte: der Platz, auf dem mit größerem Risiko als auf anderen Kapitalmärkten Chancen, aber auch überschaubare Gefahren gegeben sind.

Die Globalisierung und ihre Folgen

Strukturwandel durch Unternehmensgründer

Langfristig keine Alternative zum Neuen Markt

Viele ausländische Investoren sind auf dem Sprung nach Europa.

Der Wandel von der Industrie- zur Wissens- und Dienstleistungsgesellschaft provoziert immer wieder die Frage nach der Zukunft der Arbeit. Während die einen vom Ende der Arbeitslosigkeit sprechen, reden die anderen vom Ende der abhängigen Arbeit. So weit entfernt sind diese Positionen aber gar nicht voneinander. Die New Economy lebt vom Unternehmertum und der Aufweichung des traditionellen Verständnisses von Arbeit und Arbeitsverhältnis.

Wer sich in der Wirtschaft umsieht, der findet immer mehr Anzeichen dafür, daß in der New Economy die Spielregeln der alten Arbeitswelten und der alten Arbeitsmärkte nur noch begrenzt gelten. Ein neuer Typus von Unternehmern wächst heran: unkonventionell, international, flexibel und phantasievoll. Und diese Unternehmer scheinen sich an das alte Zitat des amerikanischen Philosophen Henry David Thoreau zu halten: „Hüte Dich vor allen Unternehmen, die neue Kleidung erfordern." Nun sind es aber nicht allein die unkonventionellen Unternehmer, die die New Economy so neu und anders machen. Es ist vielmehr die Verknüpfung von Unternehmertum, Globalisierung und Venture Capital!

Ein Unternehmer hat es in der New Economy viel leichter, Geld für seine Unternehmung zu beschaffen. Vor einigen Jahren hätte ich an dieser Stelle noch den Mangel an Risikokapital beklagt. Doch erfreulicherweise hat sich hier in den letzten Jahren die Situation verbessert. Heute gibt es in Deutschland immer mehr Venture-Capital-Firmen und Business Angels, und beide haben mehr Wagniskapital, als es gute Ideen und risikobereite Gründer gibt. In der Frage der Selbständigkeit gibt es bei uns allerdings noch erhebliches Aufholpontential. In den USA ist jeder zehnte 25-35jährige an einer Unternehmensgründung beteiligt. Natürlich sind diese Unternehmen nicht alle erfolgreich, aber in den USA herrscht nicht nur eine andere Gründermentalität, sondern auch eine andere Kultur des Scheiterns. Wer schon eine Pleite hinter sich hat, der gilt dort als erfahren, bei uns taugt er nichts mehr! Aber auch hier verändert sich einiges – das Unternehmerbild in der Öffentlichkeit wird besser. Vor allem die jungen Unternehmer und Start-up-Gründer werden laut einer Umfrage der „Wirtschaftswoche" positiver beurteilt. Das liegt nicht zuletzt daran, daß immer mehr Leute über die Börse mit eigenem Vermögen an diesen Unternehmen beteiligt und so quasi gezwungen sind, sich mit dem Unternehmen und seinen Inhalten zu befassen.

Vergleichen wir weiterhin Deutschland hinsichtlich Venture Capital mit den USA, so zeigt sich, daß wir auch hier noch trotz einer verbesserten Situation Nachholbedarf haben. Im ersten Halbjahr des Jahres 2000 wurden in Deutschland lediglich 1,6 Milliarden EURO an Wagniskapital investiert, in den USA war es auf vergleichbarer Basis ein Vielfaches mehr. Aber die inländischen Steigerungsraten sind gewaltig, und viele ausländische Investoren sind ebenfalls auf dem Sprung nach Europa. Die VC-Szene ist dabei, sich erheblich zu professionalisieren und zu spezialisieren. Dafür sorgt nicht zuletzt auch der Neue Markt. Momentan trennt sich dort zwar die Spreu vom Weizen, langfristig gibt es aber zu diesem Anlegersegment keine Alternative. Durch die Dynamik des Neuen Marktes kommt der Strukturwandel voran – und mit ihm steigt die Zahl der selbständigen Unternehmen und der Unternehmensgründer.

Für den Erfolg einer Unternehmensgründung gibt es allerdings kein Patentrezept. Die meisten Erfolgsstorys sind so unterschiedlich wie die Menschen, die sie begründet haben oder die Branchen, in der sie tätig sind. Daher kann es *das* Erfolgsrezept nicht geben. Um so wichtiger ist es, daß die politischen und gesellschaftlichen Rahmenbedingungen für die potentiellen Unternehmensgründer stimmen, so daß zu den wirtschaftlichen Unwägbarkeiten nicht noch staatliche hinzukommen.

In der Politik hat das Nachdenken über die New Economy gerade erst begonnen. Überall werden Gründerwettbewerbe ausgeschrieben, Fördermittel verteilt, und der Bundeskanzler hat die Umsetzung von Forschung und Entwicklung in marktfähige Produkte zur Chefsache erklärt. Aber die für die Wirtschaft wichtigen Rahmenbedingungen sind immer noch auf das klassische Industriezeitalter ausgerichtet. Zum Beispiel die Besteuerung von Aktienoptionen: Start-ups sind meist gezwungen, ihre Leute mit Aktienoptionen an sich zu binden, da hohe Löhne und Gehälter noch nicht gezahlt werden können.

Wenn nun Mitarbeiter ihre Optionen einlösen und die Aktien ohne Verkaufsabsichten in ihr privates Depot übertragen, so wird darauf im gleichen Monat Lohnsteuer fällig. Junge Mitarbeiter aus der New Economy sind damit meist finanziell völlig überfordert.

Die Diskussion über die neuen Abschreibungsregeln ist ein weiteres Anzeichen dafür, daß die Anforderungen der New Economy noch nicht verstanden worden sind. Obwohl ein Computer für ein hochmodernes Unternehmen heutzutage ein Wegwerfprodukt ist, diskutieren wir über die Frage, ob er nun nach drei oder vier Jahren abgeschrieben werden darf. Diese Art der Wirtschaftspolitik geht nicht genügend auf die Notwendigkeiten der New Economy ein. Die Politik sollte nicht nur ein Lippenbekenntnis zur New Economy liefern, sondern überlegen, wie die Rahmenbedingungen in dieser neuen Zeit aussehen müssen.

Was die Globalisierung bedeutet

Sie ist kein Thema von Im- und Export, sondern erzeugt einen Markt

Bei einer Betriebsversammlung von Jungunternehmern meinen Sie, Sie seien beim Abschlußball eines Gymnasiums.

Was bedeutet die Globalisierung für moderne Industriestaaten? Sie ist nicht etwa die Fortsetzung von Handel – also Export und Import. Das ist eines der großen Probleme der Europäer (und vor allem der Deutschen), daß sie immer in Export und Import denken. Das ist inzwischen völlig unwichtig. Die Amerikaner stehen seit zehn Jahren an der Spitze der Weltwirtschaft und haben in den vergangenen zwanzig Jahren nie einen Exportüberschuß erwirtschaftet. Das interessiert auch niemanden mehr. Denn dafür bringen die Deutschen das Geld mit und kaufen in San Francisco fleißig Immobilien. Und die Japaner kaufen die amerikanischen Autofabriken und bringen so die Kfz-Produktion in Amerika in Ordnung.

Es ist also überhaupt kein Thema von Im- und Export. Nein, die Globalisierung erzeugt einfach einen Markt. Es gibt auch keine nationale Wirtschaftspolitik mehr. Die Frage der Mitbestimmung ist im Grunde Sozialpolitik. Aber interessanterweise muß der Wirtschaftsminister mit dem Arbeitsminister herumstreiten. Bei der ganzen Diskussion um den Standort Deutschland geht es eigentlich um die Lohnnebenkosten und damit um die Gesundheitspolitik, Rentenpolitik und die Arbeitslosenpolitik – nicht um die Wirtschaftspolitik. Und wenn es um Infrastruktur geht, ist es meistens die Verkehrspolitik. Der Wirtschaftsminister kann sich da ratgebend einmischen, aber die Entscheidung liegt beim Finanzminister und beim Verkehrsminister. Genauso ist es bei der Bildungspolitik. Dafür ist der Wirtschaftsminister auch nicht zuständig. Wir befinden uns da, wie wir wissen, in einer ziemlich katastrophalen Situation und rutschen langsam ins untere Mittelfeld ab.

Wenn Sie an Schulen kommen, können Sie im Grunde die zwölfjährigen zur Pädagogenfortbildung am Computer einsetzen. Oder wenn ich mir manche Hochschulen anschaue und sehe, daß einige Professoren den Begriff „Vorlesung“ immer noch wörtlich nehmen. Die lesen ihre zehn Jahre alten Schinken vor. Die geistern schon längst im Internet herum, so daß der Student merkt, wenn der Herr Professor eine Seite ausgelassen hat. Der Student ist so fit und druckt sich die Seite schnell mal aus. Der Professor weiß vielleicht nicht mal, daß in seinem Büro so ein Drucker steht und wie der funktioniert.

Das ist alles schlimm, aber darüber müssen wir reden, wenn wir über Standorte diskutieren. Alle sind im Wettstreit um den besten Standort, und das ist die eigentliche Wirtschaftspolitik, die stattfindet. Und die großen Investoren erpressen gewissermaßen die Spielregeln der einzelnen Standorte. Das können Sie genau beobachten. Es gibt zum Beispiel eine große Diskussion, wo eine Chipfabrik gebaut wird. Auf der ganzen Welt kommen außerhalb Asiens nur noch zwei Standorte in Frage – nämlich

Kanada und Ostdeutschland. Das sind die mit den höchsten Subventionen.

Ich bin zum Beispiel überzeugt, daß die Spitzensteuersätze in Deutschland nicht gesenkt wurden, weil die politisch führenden Köpfe das unbedingt wollten. Sondern eher, weil die großen Konzerne sagen: „Wenn ihr mit euren Steuersätzen nicht runtergeht, dann bauen wir woanders." Die Unternehmen schauen heutzutage, wo in Europa der beste Standort ist, also wo sich der höchste Profit machen läßt. Und wenn dann ein Computer, den man mit allen möglichen Daten gefüttert hat, Barcelona ausspuckt, dann können sich die anderen Städte gern um die Fabrik bewerben. Aber sie müssen sicherstellen, daß der Konzern dort am Ende genauso viel verdient wie in Barcelona. Da können die Steuern gesenkt werden oder der Bauplatz wird geschenkt oder die Löhne gesenkt oder was auch immer. Und beobachten Sie mal, wie verhandlungsbereit die Gewerkschaften sind, wenn es mal wirklich um die Wurst geht. Da erleben Sie die tollsten Diskussionen hinter der Fassade der wilden Aufstände. „Ja, gut, wir wollen ja mit uns reden lassen." Und das wird immer stärker werden, denn je mehr wir von den Arbeitsplätzen abhängig sind, die wir nicht mehr haben oder möglicherweise nicht halten können, desto mehr wird eine Diskussion um solche Strukturfragen einsetzen.

Aber momentan streiten wir beispielsweise bei der Betriebsverfassung über Betriebe, die sowieso keinen Betriebsrat haben. Gehen Sie mal zu diesen Jungunternehmern. Bei einer Betriebsversammlung von Jungunternehmern meinen Sie, Sie seien beim Abschlußball eines

Gymnasiums. Reden Sie mal mit denen über die 40-Stunden-Woche. Das heißt, wir haben inzwischen schon eine Gesellschaft, die längst nicht mehr nach den Spielregeln von gestern spielt. Aber die Spielregler von gestern, die schlagen sich um die Regeln von gestern eifrig weiter und merken gar nicht, daß da eine Gesellschaft entsteht, die damit gar nichts mehr anfangen kann.

Der Unterschied zwischen Produktion und Dienstleistung wird immer größer. In Ostdeutschland sind jetzt schon 80 Prozent der Menschen in der Dienstleistung tätig. Nicht weil sie wollen, sondern weil in der Produktion die Arbeitsplätze nicht da sind. Und in der Dienstleistung habe ich einen Ortsbezug. Was ich damit sagen will ist, daß Dienstleistungen im großen und ganzen dort nachgefragt werden, wo ich zu Hause bin. Deshalb sind die Frisöre in Stuttgart im Wettbewerb untereinander. Wenn Sie da zur Innungsversammlung gehen, diskutieren alle dasselbe Problem. Und die Zahl der Stuttgarter, die sich in New York die Haare schneiden lassen, wird sich immer in Grenzen halten, obwohl der Frisör dort höchstens die Hälfte von dem in Stuttgart kostet.

Bei Produkten sieht das ganz anders aus. Da haben sie mittlerweile einen globalen Wettbewerb. Ich möchte das mit einem Beispiel aus dem eigenen Unternehmen illustrieren. Vor zwei Jahren sind meine Leute auf mich zugekommen und haben gesagt: „Wir bauen eine Chipfabrik in Borneo." Sie wissen, wir bauen diese Chipfabriken – nicht Kartoffel-, sondern Elektrochips. Ich habe gesagt: „Warum wollt ihr im Urwald von Borneo eine Chipfabrik bauen? Bei und mit Affen?" Daraufhin haben die gedacht:

„Schickt den Opa mal hin, der soll es sich selber angucken.“ Ich bin dann also nach Borneo geflogen. Und dort ist tatsächlich die Baustelle nur zwanzig Minuten von der Futterstelle der Orang-Utans weg – mitten im Urwald.

Ich hab mich damals gefragt, was die Leute dort mit einer Chipfabrik möchten und vor allem, wie sie die betreiben wollen. Aber die haben mir dann dort erzählt, daß sie eine Adressenliste von 4000 Malaien haben, die überall auf der Welt in Chipfabriken arbeiten, und die wollten sie nun wieder zurückholen. Ich war immer noch äußerst mißtrauisch und bin dann über Singapur zurückgeflogen. Ich habe schnell die Siemens-Freunde besucht, denen wir dort eine Fabrik gebaut haben. Und da redet man halt so: „Wie läuft's?“ Die Antwort: „Die Halbleiterindustrie läuft wieder gut an. Wir haben nur ein bißchen Ärger, weil der Personalchef ziemlich stinkig ist. Bei dem haben nämlich gerade alle Malaien gekündigt.“ Ich habe dann gesagt, daß ich dringend zu meinem Flieger muß, und auf dem Heimflug habe ich meinen Leuten gesagt: „Wir bauen die Fabrik.“

Im Frühjahr 2002 wurde in Kuching auf Borneo diese Chipfabrik eingeweiht. Investitionsaufwand etwa zwei Milliarden EURO. Und die Produktion des ersten Jahres ist schon verkauft. Aber jetzt müssen Sie sich überlegen, daß ich nicht von irgendeinem Produkt rede. Jetzt rede ich nicht von Malaysia als Kautschukland, so wie wir es bisher verstanden haben, mit Gummibäumen. Wir reden hier von Chips. Und da können Sie nicht sagen, daß es halt qualitätsmäßig schlechte Chips seien. So ein Chip, der funktioniert oder er funktioniert nicht.

Verstehen Sie, jetzt diskutieren wir nicht mehr über Dienstleistungen, sondern über ein Produkt, das der Grundbaustoff der gesamten Elektronik ist. Siemens entscheidet morgens um zehn, ob sie von Singapur, von Regensburg oder von Dresden liefern. Wenn sie von Singapur liefern, geht nachmittags um vier Uhr ein Fax nach Singapur. Jede Nacht gehen drei Jumbos von Singapur nach Frankfurt. Ein Kilo Chips hat einen Wert von 50.000 EURO. Die Luftfracht beträgt 2,42 EURO – ich habe mich bei der Lufthansa erkundigt. Der Flieger ist morgens um sechs oder sieben Ortszeit in Frankfurt. Wenn Sie nicht auf die Idee kommen, die Chips von Frankfurt nach Stuttgart mit der Bundespost zu schicken, ist alles innerhalb von 24 Stunden aus Singapur in Stuttgart. Das ist überhaupt kein Thema mehr. Ich will mit dem Beispiel nur zeigen, daß Sie heute auch hochwertige Produkte automatisiert hergestellt z. B. in Malaysia für 41 Cents Stundenlohn produzieren können.

Der Wettbewerb bekommt eine ganz neue Qualität. Sie haben Stundenlöhne in Deutschland von 21 EURO, in Barcelona 11 EURO, in Osteuropa 2,35 EURO und in Schanghai 80 Cents. Einige kommen da auf die Idee, wir sollten das weltweit regeln. Etwa mit einem Durchschnittslohn? Das bekommen Sie mit den Chinesen hin, aber in Deutschland gibt es da Ärger. Und wenn Sie eine Abstimmung machen wollen, befürchte ich, daß wir bei 1,3 Milliarden Chinesen unter die Fünf-Prozent-Klausel fallen.

Dieser Wettbewerb und die Globalisierung finden einfach statt. Da können Sie nicht sagen: „Wir nehmen da nicht dran teil." Das wird enorme Auswirkungen auf Europa haben. Nehmen Sie doch einfach die ganzen Binnenmärkte: die NAFTA, die ASEAN, die APEC. Der einzige Unterschied zu Europa ist, daß die alle kein Parlament haben, keine Kommission und natürlich auch keine Bürokratie. Die werden zum Beispiel nie die Kantenlänge eines Karamelbonbons einheitlich regeln. Wir haben das in Europa geschafft. Von allen Staaten ratifiziert. Man sollte die Verordnung mal nachlesen; sie ist ungefähr so umfangreich wie die amerikanische Unabhängigkeitserklärung.

Die Zukunft lebt vom Humanvermögen

In den USA sind zwei Drittel aller Beschäftigten Informationsanbieter

Die sieben Schlüsselindustrien der nächsten Dekaden sind die Bereiche Mikroelektronik, Biotechnologie, neue Werkstoffe, Telekommunikation, Roboter und Maschinenbau, Computer und Software sowie zivile Luftfahrt.

Die europäische Währungsunion ist einer der markantesten Meilensteine im Prozeß der europäischen Einigung und läutet für Europa und seinen Binnenmarkt eine neue Ära ein. Doch der europäische Binnenmarkt als das herausragende politische Ziel der letzten Dekaden ist schon wieder Episode. Europa wird von einer Entwicklung überholt, die auf einer noch viel größeren Skala abläuft: von der Globalisierung.

Die Globalisierung der Weltwirtschaft wird zum einen durch die modernen Informations- und Kommunikationstechnologien vorangetrieben, zum anderen sprengt der Druck der Welthandelsorganisation (WTO) und des Internationalen Währungsfonds (IWF) hin zu offenem, marktwirtschaftlichem Wettbewerb nicht nur die nationalen, sondern auch die europäischen Grenzen. Dieser Megatrend, der auch für die kommenden Generationen prägend sein wird, hat gerade erst begonnen – und er wartet nicht auf schwerfällige politische Entscheidungen. Man kann eine Teilnahme am Globalisierungsprozeß weder beschließen noch verweigern, die Politik ist in dieser Hinsicht machtlos geworden.

In der Weltwirtschaft können wir zwei große Entwicklungen beobachten. Zum einen die immer enger verflochtenen Finanzmärkte, die von den Zentralbanken mit Unterstützung der Finanzminister und Regierungschefs der großen Industriestaaten über die Zinssteuerung und den IWF organisiert und vor Krisen bewahrt werden. Zum anderen: Egal, wie viele Staatschefs sich auf einem Gipfeltreffen für ein Gruppenfoto zusammenfinden, die internationalen Güter- und Finanzmärkte sehen es gelassen. Während also kein Politiker etwas daran ändern kann, daß die Kapitalmarktentwicklung in den USA den Ton angibt, bewirkt jede Andeutung des amerikanischen Zentralbankpräsidenten zu Zins und Konjunktur weltweit eine prompte Reaktion.

Die Einheit von Volkswirtschaft und Nationalstaat ist im Begriff sich aufzulösen. Die nationale und regionale Politik trägt allerdings die Verantwortung dafür, sich wirtschafts- und sozialpolitisch rechtzeitig und mit langfristiger Orientierung auf die Herausforderungen dieses Prozesses einzustellen. Eine in diesem Sinne gute politische Arbeit wird von der Globalisierung belohnt, eine schlechte dagegen bestraft. Damit erhöht die Globalisierung, wie der Vizepräsident der Deutschen Bundesbank, Jürgen Stark, bemerkt „die Kosten schlechter Regierungsarbeit und ist so gesehen der Feind staatlicher Inkompetenz“. Der Wettbewerb der Standorte ist in vollem Gange. Es ist inner- und außerhalb Europas ein Wettbewerb um Arbeitsplätze, Infrastrukturen, Qualifikation von Menschen, Steuern und Abgaben, politische Stabilität, mehr und weniger Staatseinfluß, aber auch um soziale Stabilität.

Die globale Wirtschaft entwickelt, verkauft und produziert, wo sie die günstigsten Bedingungen findet. Die sieben Schlüsselindustrien der nächsten Dekaden sind die Bereiche Mikroelektronik, Biotechnologie, neue Werkstoffe, Telekommunikation, Roboter und Maschinenbau, Computer und Software sowie zivile Luftfahrt. Wo diese Industrien angesiedelt werden, wird wesentlich von der Brainpower, also dem Wissen und den Qualifikationen, die ein Standort zu bieten hat, abhängen. Lokale Rohstoffe und lokales Kapital spielen eine immer geringere Rolle, weil bei einem freien Weltmarkt beides leicht dorthin zu bringen ist, wo es benötigt wird. Die Ressource der Zukunft heißt Humanvermögen. In diesem Wettbewerb müssen sich alle Nationen und Weltregionen positionieren. Die Konkurrenz um die besten Talente hat bereits begonnen und wird härter.

Neue Technologien haben den Globalisierungsprozeß in Gang gesetzt und erzwingen den Wandel zu einer Informationsgesellschaft. Den Indikator für eine Ortsbestimmung, die uns zeigt, wie weit wir uns bereits in der Zukunft befinden, liefert uns ein Blick auf die Arbeitsmarktstatistiken. Nach Untersuchungen des amerikanischen Bureau of Labor Statistics sind in den USA mittlerweile zwei Drittel aller Beschäftigten Informationsanbieter. Das sind Beschäftigte, die ihr Geld allein damit verdienen, Informationen so aufzubereiten, daß die daraus folgenden Handlungen zu einer Wertschöpfung führen.

Dazu gehören Berufe wie Wissenschaftler, Unternehmensberater, Journalist und Mitarbeiter im Call Center – sie alle sind Informationsarbeiter und qualifizierte Dienstleister, gehören also denjenigen Berufsgruppen an, die auch in Deutschland den stärksten Zuwachs erfahren haben und weiter erfahren werden. Diese Entwicklung steht gerade erst an ihrem Beginn, und sie wird sich noch lange fortsetzen.

Zukunft zum halben Preis

Der Wettbewerb privater und öffentlicher Hochschulen

Manchmal muß man Entscheidungen ohne Netz und doppelten Boden treffen.

Eine Gesellschaft, die sich in unglaublichem Tempo mit der Globalisierung der internationalen Märkte auseinandersetzen muß, die sich von einer produktionsorientierten Arbeitsgesellschaft zu einer Dienstleistungsgesellschaft entwickelt, eine solche Gesellschaft muß vor allem Wissen erarbeiten und verarbeiten. Deshalb habe ich mich sehr gefreut, daß mit der Gründung von internationalen Privatuniversitäten in Baden-Württemberg ein Gedanke wieder aufgenommen wird, den ich zusammen mit Vertretern der Wirtschaft und der privaten Hochschule Witten-Herdecke in den 80er Jahren schon einmal angedacht hatte. Eine Privatuniversität neben dem bestehenden Hochschulsystem ist zweifellos eine Bereicherung. Es spricht für die Ernsthaftigkeit der Neugründungen, daß sich die Wirtschaft sofort dafür begeistert hat und die Politik für solche Überlegungen offen war.

Daß eine solche private Universität nicht nur in Stuttgart, sondern fast zeitgleich in Bruchsal entstanden ist, freut mich ebenfalls. Auch dort sind die Industrie- und Handelskammer und die regionale Wirtschaft mit hohen finanziellen Verpflichtungen eingestiegen. Dazu gehört eines der dynamischsten Unternehmen Deutschlands, nämlich die SAP in Walldorf. Sie will an der neuen Universität eine große Zahl junger Leute für das internationale Geschäft von SAP ausbilden. Welche Chance für junge Leute!

In Bruchsal geschieht alles, was sich eine Zukunftsinitiative wünschen kann: ein glückliches Zusammenwirken der Technologieregion Karlsruhe mit der Bioregion Heidelberg, mit der mächtig expandierenden SAP in Walldorf und dem ZKM und seinem neuen Konzept von Kunst und modernen Technologien, mit Musik- und Fachhochschule. Das ist Zukunft zum halben Preis. Fast zu schön, um wahr zu sein.

Prompt melden sich Bedenkenträger. Welchen Nutzen, so fragen sie, hat die Privathochschule für die öffentlichen Hochschulen? Verstehe diese Diskussion, wer will. Ich weiß nur eins: Wenn es eine Kombination gibt, die einen wichtigen Teil Baden-Württembergs in die Zukunft treibt, dann ist es diese Einrichtung. Dies ist keine Absage an die Privathochschule in Stuttgart. Im Gegenteil. Wettbewerb und Experimente bringen uns voran. Und ein netter, politischer Nebeneffekt: Wenn das Land dieses Projekt unterstützt, wird in anderen Fragen die badische Fahne wohl wieder eingerollt werden.

Noch ein Tip für die staatlichen Einrichtungen. Die Universität Karlsruhe und andere Hochschuleinrichtungen werden nicht von Verträgen profitieren, mit denen sie das Spielfeld der neuen privaten Universität einengen. Sie werden vom Wettbewerb und der Dynamik profitieren. Manchmal muß man Entscheidungen ohne Netz und doppelten Boden treffen.

Sind wir falsch organisiert?

Wenn uns die Arbeit ausbleibt, aber viel zu tun bleibt

Vielleicht sollten wir einmal über den Begriff „Arbeit“ nachdenken und die Frage stellen, ob im Mittelpunkt weiter die traditionelle Erwerbsarbeit stehen kann.

Kein Problem treibt uns gegenwärtig so um wie die Frage, wo in Zukunft unsere Arbeitsplätze herkommen sollen. Die Hoffnung auf einen konjunkturellen Aufschwung reicht nicht. Die Antwort eines Hochlohnlandes wie Deutschland auf den gnadenlosen globalen Wettbewerb heißt, die Produktivität zu steigern. Erfolgreiche Zukunftsplanung in den Betrieben heißt, entweder neue Produkte auf den Markt zu bringen oder immer schneller zu rationalisieren, meist aber beides. Im Ergebnis können wir kaum auf neue Arbeitsplätze in der Produktion hoffen.

Unsere bisherige Hoffnung ist die Dienstleistung. Wir stellen uns vor, daß aus dem Wandel der Produktions- zur Dienstleistungsgesellschaft auch der Arbeitsplatzausgleich kommt. Das ist vermutlich falsch. Ein Teil der Arbeitsplätze in der Dienstleistung ist kaum bezahlbar. Wer gegenwärtig beobachtet, mit welchem Tempo in Europa die Finanzdienstleister, in erster Linie Banken und Versicherer, einen Konzentrationsprozeß vollziehen und wie das Electronic Banking den personalintensiven

Service in den Filialen ablöst, der kann kaum glauben, daß uns die Dienstleistungen den Arbeitsplatzschub bringen.

Geht uns also die Arbeit aus? Die Gefahr ist groß, daß wir nicht mehr genügend Arbeitsplätze der traditionellen Form für alle Menschen haben werden. Vielleicht sollten wir einfach einmal über den Begriff „Arbeit“ nachdenken und die Frage stellen, ob im Mittelpunkt weiter die traditionelle Erwerbsarbeit stehen kann. Viele sind auf Erwerbsarbeit angewiesen. Aber in einer Gesellschaft wie der unseren, in der so viel Vermögen angesammelt worden ist, gibt es auch zahlreiche Menschen der Erbengeneration, für die das nicht mehr gilt. Gleichzeitig möchten viele gut qualifizierte Menschen etwas Sinnvolles tun. Das Entgelt steht dabei oft nicht im Vordergrund.

Da gibt es viele Ältere, die mit ihrem Rentenanspruch auskommen. Aber sie fühlen sich überflüssig, weil man sie mit 55 Jahren abgeschoben hat. Gleichzeitig kann eine Vielzahl von Bedürfnissen, etwa im Betreuungs- und Pflegebereich, aus Geldmangel nicht mehr abgedeckt werden. Nicht zufällig beobachten wir heute eine nie dagewesene Bereitschaft in Deutschland, für sinnvolle soziale, kulturelle und andere Zwecke Geld zu spenden, Stiftungen einzurichten, sich zu engagieren.

Könnte es sein, daß unsere Gesellschaft falsch organisiert ist? Sollen wir nicht darüber nachdenken, ob wir in der Zukunft zwei Beschäftigungs- (nicht Erwerbs-) Arbeitsmärkte brauchen? Der eine Markt, der nicht alle Menschen beschäftigen kann, ist der Erwerbsarbeit vorbehalten. Der andere Markt sollte – zugegebenermaßen außerhalb der Tarifstrukturen für die Erwerbsarbeit – Einrichtungen schaffen, die Verantwortungsarbeit für jene Mitmenschen organisieren, die nur gegen Kostenersatz oder vielleicht ein geringes Entgelt, aber mit hoher gesellschaftlicher Anerkennung tätig werden wollen. Es gibt in der Geschichte Vorbilder: das Ehrenamt, etwa in den Vereinen, und das Genossenschaftswesen. Neue Initiativen von Stiftungen und Seniorengenossenschaften, wo sich Menschen umeinander kümmern und durch ihre Leistung für andere Anspruch auf Betreuung und Pflege erwerben, wenn sie es selbst einmal benötigen. Paßt es zusammen, daß die Einsamkeit vieler Menschen korrespondiert mit wachsender Freizeit der anderen?

Ludwig Erhard und Alfred Müller-Armack haben, als sie Programm und Ziel der sozialen Marktwirtschaft formulierten, nicht nur über den Markt und seine Funktionen nachgedacht, sondern vor allem über die Werte, die eine Gesellschaft auszeichnen. Die Globalisierung und ihre Folgen werden uns im ökonomischen Bereich, aber vor allem im politisch-gesellschaftlichen Bereich neue Antworten abfordern.

Flickschuster sind nicht gefragt

Arbeitsmarkt statt Arbeitslosenverwaltung

Die Behördenstruktur muß die Bürger in den neuen Bundesländern an die alten Zeiten der Planwirtschaft erinnern.

Der Bundesrechnungshof hat Anfang 2002 aufgedeckt, was alle schon lange vermuten: Das Heer von über vier Millionen Arbeitslosen in Deutschland, dem in den neuen Bundesländern fast jeder fünfte beschäftigungssuchende Bürger angehört, wird von 90 000 Mitarbeitern in 181 Arbeitsämtern äußerst schlecht verwaltet und betreut. Die Behördenstruktur muß die Bürger in den neuen Bundesländern an die alten Zeiten der Planwirtschaft erinnern.

Sucht man nach Problemlösungen, so fällt zunächst auf, daß alle vom Arbeitsmarkt sprechen, welcher gar keiner ist. Markt heißt, daß Angebot und Nachfrage – in diesem Fall von Arbeit – rasch zusammengeführt werden und daß es darum einen intensiven Wettbewerb zwischen Organisationen und Unternehmen gibt. Von einem solchen Wettbewerb kann in Deutschland keine Rede sein. Das Monopol der staatlichen Arbeitsverwaltung und Arbeitsvermittlung wird nur in ganz kleinen Schritten abgebaut und gleichzeitig immer komplizierter gestaltet. Auch die Organisationsstruktur ist fragwürdig. Ein Vorstand, der nicht nach seinen Begabungen, sondern ehrenamtlich von den Tarifpartnern – also den Arbeitgebern und Gewerkschaften – besetzt wird, ist für die Mammutaufgabe Arbeitsvermittlung eher ungeeignet. Und das Management untersteht einem Präsidenten, welcher wiederum von einem Gremium beaufsichtigt wird, das weitgehend von Interessenvertretern besetzt ist.

Jetzt, wo die Schuldigen gesucht werden, weist die Politik ihre Verantwortung als Gesetzgeber von sich und erklärt die Behörde für zuständig und schuldig. In der Behörde erklären sich die Verantwortlichen nicht für das operative Geschäft und dessen Fehler verantwortlich, sondern nehmen vorsorglich das Management in Schutz und bilden hierzu ein Gremium, das untersuchen soll, warum die bisher behauptete erfolgreiche Tätigkeit offensichtlich nicht stattfindet. Und die Politik, die durch das Job-Aktivgesetz zusätzlich Tausende private Vermittler einsetzen möchte, will nun mit einigen Schnellschüssen etwas von dem reparieren, was sie sich selbst eingebrockt hat.

Was wäre, würde die Bundesregierung einmal alle Empfehlungen berücksichtigen oder wenigstens prüfen, die seit mehreren Jahren die Wirtschaftssachverständigen zur Deregulierung des Arbeitsmarkts gegeben haben? Wenn eine Deregulierungspolitik mit einem Konzept für die Effizienz des Managements in der Arbeitsvermittlung und Arbeitslosenverwaltung kombiniert wird, dann dürfte es zwar einige Jahre dauern, bis es umgesetzt ist, aber dann könnte die Wettbewerbsfähigkeit Deutschlands im internationalen Vergleich gewaltig verbessert werden. Auf jeden Fall ist mit schnellen Vorschlägen zur Flickschusterei niemandem gedient.

Teilzeitgewerkschaft

Wie der Wandel der Arbeitswelt mitgestaltet werden kann

Der Organisationsgrad der Gewerkschaften geht immer weiter zurück.

Viele Gewerkschafter werden mit gemischten Gefühlen an den ersten 1. Mai des neuen Jahrtausends zurückdenken. Wichtige Gewerkschaften haben wieder einmal eine großartige logistische Leistung vollbracht und eine passable Zahl von treuen Gewerkschaftern aus der ganzen Republik zu einigen zentralen Kundgebungen zusammengeführt. Die Organisation scheint in Ordnung, doch bei näherer Betrachtung wird die Krise der deutschen Gewerkschaft offensichtlich: Nirgends sprang der Funke über. Nicht dort, wo die großen Gewerkschaftsführer auftraten, waren die meisten Besucher, sondern dort, wo der Bundeskanzler sprach.

Gerade mal fünf Prozent der 8,3 Millionen Gewerkschaftsmitglieder konnten mobilisiert werden. Und dieser geringe Satz kam nur zustande, weil von 1991 bis 1998 die Zahl der Gewerkschaftsmitglieder von 11,8 auf 8,3 Millionen zurückgegangen ist. Diese neue Bescheidenheit wird so weitergehen, weil dort, wo die Organisationsgrade der Gewerkschaften am höchsten sind, etwa bei der Bahn, bei der Post und im öffentlichen Dienst, weiter Personal abgebaut wird. Wo aber die neuen Arbeitsplätze entstehen – in der neuen Ökonomie mit den jungen Internet-Unternehmen –, will niemand etwas von den Gewerkschaften wissen.

Es gibt eine zwingende Logik! In wenigen Jahren werden 80 Prozent der Menschen in Deutschland in der Dienstleistungsbranche arbeiten. Der Organisationsgrad der Gewerkschaften geht immer weiter zurück. In den immer rascher an Bedeutung verlierenden Industriesektoren beträgt er immerhin 49 Prozent.

Aber wie viele der Gewerkschaftsmitglieder sind Arbeitslose und Rentner? Und wie steht es um die Zuordnung? Die meisten Gewerkschaftsmitglieder bei Mannesmann sind Mitglieder der IG Metall, obwohl sie mehrheitlich wohl in der Telekommunikation beschäftigt werden. Und wie verhalten sich Gewerkschaften als Arbeitgeber? Während sie mannhaft gegen die Fusionen der großen Banken kämpfen, die ihre unrentablen Zweigstellen in der Fläche schließen und sich dem Internet-Banking und dem M&A-Geschäft zuwenden, machen die Gewerkschaften dasselbe. Verdünnung in der Fläche betreiben auch die DGB-Gewerkschaften – die Fusionitis hat auch sie erfaßt.

Die neue Dienstleistungsgewerkschaft Verdi ist ein Beispiel. Während sich im boomenden Servicebereich eine Dienstleistungsgewerkschaft bildet, versuchen sich die großen Industriegewerkschaften als Fachgewerkschaften in der Fläche zu halten. Das kann nicht gutgehen. Die Fortschrittlichen unter den Gewerkschaften bestehen zwar auf der Überschrift Flächentarifvertrag, aber sie meinen längst einen Rahmentarifvertrag. Der regelt nach dem Bausteinprinzip einige Eckpunkte, auf denen Betriebsvereinbarungen aufgebaut werden können. Ist es nicht bezeichnend, daß die individuellen Firmentarifverträge zwischen 1990 und 1999 von 2500 auf 5850 zugenommen haben?

Wie wäre es mit einer ganz neuen Gewerkschaftsorganisation? Der DGB könnte als Muttergesellschaft einer großen gemeinnützigen Mitglieder- und Beratungsorganisation fungieren, die sich um die Eckpfeiler der sozialen Sicherung der Schwachen in der Gesellschaft kümmert. Tochtereinrichtungen nehmen sich der speziellen Probleme von Arbeitnehmergruppen an. Etwa eine Teilzeitgewerkschaft, die sich um die besonderen Probleme der Teilzeitarbeiter als Partner kümmert oder sich oft auch als Gegenspieler der Zeitarbeitsfirmen betätigt. Eine Gewerkschaft der (Schein-)Selbständigen, die Wege sucht, wie die Selbständigen der unteren Stufe Schutz vor zu hohen Risiken erfahren.

Oder eine Arbeitslosengewerkschaft, die nicht mehr mit der Forderung nach Umschulung und Weiterqualifizierung die Tatsache verdrängt, daß beim Wandel der Produktions- zur Dienstleistungsgesellschaft vor allem ältere Arbeitnehmer die Anforderungsprofile der Informationsgesellschaft nicht mehr erfüllen und die trotzdem einem demütigendem Vermittlungsritual unterliegen. Statt dessen könnte eine solche Gewerkschaft dafür sorgen, daß die soziale Kompetenz derjenigen Arbeitslosen, die im Produktionsprozeß nicht mehr unterkommen, sowohl für sie selbst als auch für die Gesellschaft sinnvoll genutzt wird.

Anstöße für den Osten

Ein Grund zum Feiern?

Zehn Jahre JENOPTIK

Neben den Raubrittern hat in den neuen Bundesländern im Wirtschaftsbereich, auch bei der Treuhandanstalt, eine Vielzahl von Idealisten begeistert mitgewirkt.

Zugegeben: Das Jahr 2001 ist noch kein richtiges Jubiläumsjahr. Auch dann nicht, wenn man überzeugt ist, daß die Jahre nach der Wende doppelt zählen! Zunächst feiern wir einfach nur, daß wir überlebt haben. Denn ob wir wirklich überleben würden, das war vor zehn Jahren alles andere als sicher. Deshalb gilt es vor allem erst einmal daran zu erinnern, daß ohne das deutsche Schicksal in diesem Jahrhundert die Carl-Zeiss-Werke Jena das 155. Jahr ihres Bestehens begehen würden. Mit anderen Worten: In Jena würde das große führende deutsche Traditionsunternehmen ein normales, erfolgreiches Geschäftsjahr absolvieren.

Es wäre spannend sich auszudenken, wie die Saalestadt ohne den Zweiten Weltkrieg aussehen würde, ohne die Zwangsverpflanzung von Zeiss nach Oberkochen, ohne die Demontage, ohne das Volkseigene Kombinat und die Planwirtschaft der DDR. Und die sogenannte Wende wäre dann natürlich auch nicht nötig gewesen Aber das ist wohl eher ein Stück für die philosophisch-historischen Wissenschaften, die sich mit dem Thema „Was wäre, wenn“ befassen.

Heute vor zehn Jahren mußten wir uns mit dem Thema befassen, wie wir nach der Wende das, was vom Volkseigenen Kombinat Carl Zeiss Jena übrigblieb, vor dem totalen Zusammenbruch bewahren konnten. Durch den unter dem Druck des Zusammenbruchs des Kombinates ausgehandelten Grundlagenvertrag zwischen der Treuhandanstalt, dem Land Thüringen, Carl Zeiss Oberkochen und Carl Zeiss Jena fiel uns zunächst die Aufgabe zu, für Oberkochen die zukunftsfähigen Geschäftsfelder aus dem Kombinat zu picken. Nach diesem „Asset Pick“ war unsere nächste Aufgabe, mit dem Rest (den manche schon mit dem Arbeitsbegriff „Trümmerfeld“ umschrieben hatten) den Versuch zu machen, ein neues Unternehmen – die JENOPTIK – aufzubauen.

Und während viele meinten, die Treuhand sei uns gegenüber überaus großzügig gewesen, war es für uns entscheidender, daß nach den gemeinsam akzeptierten Berechnungen die JENOPTIK nach etwa fünf Jahren abgewickelt sein müßte und daß das Kapital, das die Firma langfristig als Grundkapital bräuchte, nicht mehr als zehn Millionen DM betrug. Für die Carl Zeiss Jena GmbH, die Tochtergesellschaft von Zeiss Oberkochen, sah man wenigstens vierzig Millionen DM Grundkapital vor. Die damals nur kurz aufgeworfene Frage, ob das Unternehmen, wenn es je rentabel werden sollte, einmal auch in eine Stiftung überführt werden müßte, konnte unbeantwortet bleiben, weil mit einem Erfolg eigentlich niemand so richtig rechnete!

Es lohnt heute ein Blick auf das, was wir eigentlich übernommen hatten: 27 000 Mitarbeiter, von denen wir dann 16 000 entlassen mußten, tüchtige und fleißige Ingenieure, Facharbeiter und Hilfskräfte, die viele Ideen hatten. Aber nach Abgabe der Zeiss-typischen Geschäftsfelder hatten wir eigentlich keine Produkte und Märkte mehr. Wir übernahmen außerdem rund zwanzig Fabrikareale in Jena und Gera, Falkenstein, Saalfeld und Eisfeld sowie über zwanzig Auslandsniederlassungen von Kuba und Kopenhagen über London und Paris bis Moskau, Warschau und Prag, für die wir keine Vertriebsaufgaben, weil keine Produkte mehr hatten. Und wir übernahmen einerseits Auftragsbestände aus der früheren Sowjetunion im Wert von 600 Millionen DM, die sich innerhalb von zwei Jahren in Luft auflösten, und andererseits Verpflichtungen und Gewährleistungsansprüche in uns unbekannter Höhe aus den weltweiten Hinterlassenschaften des Kombinates.

Und dennoch glaubten wir fest daran, daß wir es irgendwie schaffen würden. Wie, das wußten wir nicht, auch wenn wir viele Ideen und Konzepte bereits entworfen hatten, viele davon für den Papierkorb. Wir, das war die damalige Geschäftsführung der JENOPTIK, die aus Jörg Dierolf, Ernst Reimer und mir bestand, und das war – neben vielen Beratern, bei denen ich nie herausbekam, wen und was sie eigentlich beraten hatten – eine tüchtige Gruppe junger Fachleute der Boston Consulting Group. Und das waren vor allem die Mitarbeiter, die wir nicht entlassen mußten, nicht in Warteschleifen versetzten, sondern mit denen wir das Neue aufbauten, das Alte abrissen, neue Technologien vorantrieben, neue Produkte entwickelten, erfolgreiche Ideen verwirklichten – aber auch mit anderen Ideen an die Wand fuhren.

Wir, das waren die Kommunalpolitiker und die Landesregierung mit all ihren Behörden, die uns in einer Zeit unterstützten, in der man wenig mit Verbriefung, Urkunden und bürokratischer Ordnung lösen konnte, sondern nur mit gegenseitigem Vertrauen und Handschlag.

Wir, das waren auch die vielen kleinen und mittelständischen Unternehmen in Jena, die sich mutig ausgründeten. Das waren aber auch die vielen Unternehmer, die aus den alten Bundesländern gekommen waren, um mit uns in Jena und anderswo neue Betriebe aufzubauen und dabei die alten Industriebrachen und neuen Industriegelände besiedelten. Wir, das waren nicht zuletzt unsere Aufsichtsräte und Wirtschaftsprüfer, die sich oft mit Fragestellungen konfrontiert sahen, die weit weg von gewohnten Betriebsabläufen angesiedelt waren.

Drei Feststellungen aus dem zehnjährigen Lernprozeß

Was dabei in den letzten zehn Jahren passiert ist und wie wir dabei vorgegangen sind, haben wir in einem Buch in Beispielen skizziert. Drei Feststellungen aus dem gesamten Lernprozeß der letzten zehn Jahre möchte ich festhalten. Aus ihnen lassen sich zu den Fragen, was falsch gemacht wurde und was man in den neuen Bundesländern jetzt tun muß, einige Schlußfolgerungen ziehen.

1. Wenn man keine klaren Erkenntnisse über die reale Situation eines planwirtschaftlichen Unternehmens besitzt, das in den freien Markt entlassen und auf die internationale Wettbewerbsfähigkeit vorbereitet werden soll,

kann man nicht gleich mit einer langfristigen Strategie beginnen, weil das, was man noch ein Jahr zuvor geplant hat, durch die Ereignisse im Jahr danach schon wieder überholt ist. Das Einfachste ist, sich eine flexible Strategie mit vielen Alternativen zurechtzulegen und alle neuen Erkenntnisse dann auch wieder in neue oder ergänzende Strategien umzusetzen. Genau das haben wir am Anfang bei der JENOPTIK gemacht. Unsere flexible Strategie und die vielen verschiedenen Zwischenschritte führten so zum Erfolg.

Das führte aber auch dazu, daß wir zunächst als ein regionales, halb öffentliches Industrieansiedlungsunternehmen gesehen wurden, dann als ein Bauträgerunternehmen mit angehängter und absterbender Technologieabteilung und heute als ein internationaler Technologiekonzern, dem nicht einmal mehr die eigenen Büros gehören. Warum? Weil uns der Kapitalmarkt nicht für Anlagevermögen, sondern für Ertragskraft belohnt.

Wenn man uns nun heute dafür lobt, daß wir mit einer klaren Strategie in zehn Jahren die JENOPTIK zu einer erfolgreichen und international tätigen Aktiengesellschaft im Hochtechnologiebereich gemacht haben und die Technologieregion Jena, die uns als Vision vorschwebte, Realität ist und man heute von der Boomtown Jena redet, dann ist das eben nicht das Ergebnis einer langfristigen Strategie! Es hat funktioniert, weil wir keinem Experiment aus dem Wege gegangen sind, auch nicht solchen, die durchaus risikoreich waren. Es hat funktioniert, nicht weil wir von Anfang an wußten, wie es geht, sondern weil der mutige Beginn und die Offenheit, jede neue Erkenntnis so umzusetzen, daß wir rasch und flexibel auf die sich bietenden Optionen reagieren konnten, dafür gesorgt haben.

2. Sehr früh kamen wir dann zu der Erkenntnis, daß unsere Produkte, auch diejenigen, die objektiv hochwertig waren, den Ansprüchen des internationalen Wettbewerbs nicht genügten und daß wir keine Chance hätten, wenn wir weiterhin versuchen würden, unsere Produkte auf den früheren Märkten, z.B. der ehemaligen Sowjetunion oder in Osteuropa, zu verkaufen.

Wer als privates oder Staatsunternehmen im Osten Devisen hatte, der kaufte längst auf den Weltmärkten. Und wie allen Kunden ging es auch diesen um das Preis-Leistungs-Verhältnis und das Ziel, die beste Technologie, die der Weltmarkt anbietet, zu bekommen! Wer nicht über internationale Zahlungsmittel verfügte, der war meist nur kurzfristig ein Kunde, weil er entweder von der Zahlungsunfähigkeit bedroht oder von politischen Entscheidungen abhängig war, die für uns wiederum eine langfristige Markteinschätzung nicht zugelassen hätten.

3. Wir alle haben gedacht, daß die Entwicklung von neuen hochtechnologischen Produkten maximal drei bis vier Jahre dauert. Wir wurden eines Besseren belehrt: Es dauerte acht Jahre! Wenn wir also nicht den Mut gehabt hätten, acht Jahre in Jena in neue Technologien zu investieren und dabei gleichzeitig durch Kapitalinvestitionen in weltweit tätige Technologieunternehmen des Westens Marktzugänge zu kaufen, dann hätten wir in Jena so wenig überlebt wie die TAKRAFS, die SKETS, die FRITZ

HECKERTS, die ROBOTRONS und wie diese gescheiterten Hoffnungsträger damals alle hießen.

Nach vier Jahren hatten wir den wichtigsten Lernprozeß hinter uns gebracht, der unsere gesamte Strategie veränderte. Nämlich die Erkenntnis, daß die Entwicklung der Märkte so langwierig und teuer ist wie die Entwicklung von Produkten. Die öffentliche Förderung der alten und neuen Unternehmen – nicht nur im Osten, sondern auch im Westen der Republik – konzentriert sich immer noch auf die Produktentwicklung, nicht aber auf die genauso wichtige Marktentwicklung für neue Produkte und Verfahren. Diese Erkenntnis muß noch mehr als bisher in die Wirtschaftspolitik des Staates und der Länder einfließen. Die Erschließung und Eroberung der Märkte ist genau so wichtig, wie das Produkt selbst.

Bevor ich noch einige Bemerkungen zur Frage „Was wurde falsch gemacht beim Aufbau Ost?" mache, will ich eine mir ganz wichtige Feststellung treffen: Neben den Raubrittern, die – wann und wo immer große Umbrüche stattfinden – plötzlich auftauchen, ihr schnelles Glück suchen und dann wieder verschwinden, hat in den neuen Bundesländern im Wirtschaftsbereich, auch bei der Treuhandanstalt und bei den öffentlichen und privaten Institutionen, die den Aufbau begleiteten, eine Vielzahl von Idealisten begeistert mitgewirkt.

Deshalb geht es mir bei allen kritischen Bemerkungen jetzt nicht darum, allein der Kritik wegen negative Anmerkungen zu machen, sondern nur darum, Verständnis für die Abläufe zu erreichen und Schlußfolgerungen für die künftige wirtschaftspolitische Entwicklung in den neuen Bundesländern zu gewinnen.

Fehler und was wir daraus lernen können

Deshalb möchte ich als Ergebnis meines Nachdenkens über das, was in diesen zehn Jahren abgelaufen ist, und der Frage „Was hätte besser gemacht werden können?" einige Kernüberlegungen festhalten:

Die Abwicklung und Privatisierung der vorhandenen Wirtschaftseinrichtungen erfolgte durch die Treuhand; die regionale Wirtschaftsförderung und der Aufbau von neuen Strukturen dagegen waren aber logischerweise eine Frage der Regionalpolitik, also im Zuständigkeitsbereich der Landesregierungen und der Kommunen. Meiner Meinung nach ist diese Aufteilung ein Grund dafür, daß zu wenig Abwicklung und Neuaufbau ineinandergeflossen sind. Durch die strenge Trennung der beiden Aufgaben sind Synergieeffekte und Umsetzungspotentiale nicht wirksam geworden.

Die Treuhandpolitik und wohl auch die Förderpolitik insgesamt sind zu sehr von der Überlegung ausgegangen, daß man die alte DDR-Industriestruktur erst rekonstruieren und revitalisieren muß, um dann darauf Neues aufzubauen. Das war falsch. Es ist viel zu viel Geld als stufenweise gegebene Sterbehilfe in die Betriebe und in zweite Arbeitsmärkte geflossen. Dieses Geld hätte statt dessen für den Aufbau von völlig neuen Industriestrukturen – vor allem der modernen Informationstechnik und der Hochtechnologie – genutzt werden müssen.

Die weitere Folge dieser Entwicklung war, daß den Betrieben, die ums Überleben kämpften, keine Forschungsmittel mehr zur Verfügung standen. Damit brach die Grundlage für die Entwicklung neuer Verfahren und Produkte im industriellen Bereich zusammen, und die produzierende Seite der Industrie wurde damit nachhaltig geschwächt. Das büßen wir jetzt, wenn es um Wachstumsraten und Wettbewerbsfähigkeit geht.

Man hat keine Experimente gewagt!

Zum einen: Man hätte dem Osten nicht die schwerfällige westdeutsche Hochschulstruktur überstülpen dürfen. Man hätte weniger Subventionen in die Abschreibungsmodelle des Wohnungsbaues und dafür statt dessen mehr Geld in die Entwicklung einer modernen, experimentierfreudigen und vom Ballast der alten westdeutschen Hochschulen befreiten Hochschullandschaft stecken müssen. So wären neugierige Professoren und neugierige Studenten aus dem Westen und dem Ausland angezogen worden.

Im Grunde waren in den jungen Bundesländern nur zwei Entwicklungslinien erfolgreich und werden langfristig erfolgreich bleiben. Einmal dort, wo pro Arbeitsplatz eine so hohe Subvention im Kapitalbereich gegeben wurde und damit Kostenersparungen im Kapitalsektor pro Arbeitsplatz so hoch waren, daß es auf die Lohnseite nicht ankommt (siehe den Aufbau der Halbleiterindustrie in Dresden). Oder es sind, wie in Jena, statt betriebsbezogen regionalbezogen sogenannte Cluster entstanden durch den Verbund von Hochschulen, Fachhochschulen, Forschungseinrichtungen der Fraunhofer-Gesellschaft, der

Max-Planck-Gesellschaft, der Blauen Listen, die zusammen mit Risikokapitalgebern und einigen größeren Betrieben wie JENOPTIK, Carl Zeiss, Schott und Jenapharm für eine gesunde wirtschaftliche Struktur sorgen.

Es sind die vielen kleinen und mittleren Unternehmen der alten und neuen Technologien, die die Dynamik des Jenaer Raumes heute ausmachen. Das ist übrigens eine Erkenntnis, die man aus den Technologie-Clustern in Westdeutschland wie München, Aachen und Karlsruhe ableiten kann. Im Grunde ist es das gleiche Bild wie Stanford, das Silicon Valley oder Tsukuba in Japan. Dort, wo Wissen konzentriert ist und Aufbruchstimmung herrscht, keimen neue, hoffnungsvolle Strukturen auf. Dort, wo noch versucht wird, Althergebrachtes zu konservieren, wächst nur eins: Enttäuschung und Frust!

Zum anderen: Die Verkehrsinvestitionen! Statt in Sachsen zwei internationale Flughäfen in Leipzig und Dresden zu bauen, für Thüringen noch einen in Erfurt, der übrigens immer noch keinen Anschluß an die Business-Linien der weltweiten Fluggesellschaften hat, und für Berlin eine weitere Großplanung vorzusehen, hätte man eine der großen Flughafenanlagen im Raum Magdeburg oder in Nobitz bei Altenburg in der Dimension Frankfurt am Main oder München ausbauen und mit Transrapidlinien an Berlin, an Leipzig, an Dresden, an Erfurt anbinden sollen.

Ich finde es schon peinlich, daß wir der Volksrepublik China den Transrapid nicht gegen Lizenz überlassen, sondern auch noch 300 Millionen Steuergelder mitgeben müssen, damit dort endlich die Verbindung steht, die wir heute nach zehn Jahren Bauzeit in den neuen Bundesländern als Beispiel für eine neue Verkehrstechnologie der Welt vorstellen könnten. Auch das Thema Straße – Schiene hätte hier in den jungen Ländern mit einem neuen Experiment verbunden werden können. Welches Industrieland der Welt hatte eine solche Chance wie die Deutschen nach der Wende? Jetzt haben wir alles, was im Westen schon nicht mehr richtig funktioniert hat, auf den Osten übertragen und können wenigstens beruhigend feststellen, daß wir in ganz Deutschland einheitliche Hochschulprobleme und einheitliche Verkehrsprobleme haben.

Und schließlich waren es die tarifpolitischen Entscheidungen, die uns heute zum Nachdenken bringen. Ohne Rücksicht auf die Produktivität wurden die Löhne zu rasch dem Westen angeglichen. Das hat einerseits zu einer katastrophalen Entwicklung zwischen Unternehmen und Gewerkschaften und andererseits zu noch mehr Mißtrauen geführt. Durch dieses Vorgehen wurden die neuen Länder zu lange vom realen Wettbewerb im Westen abgehalten, weil sie durch das Mißverhältnis von Produktivität und Arbeitskosten teurer produzierten als die vergleichbaren Wettbewerber. Die zum Ausgleich immer wieder gegebene Subvention hat jetzt dazu geführt, daß man sich in vielen Bereichen daran gewöhnt hat, die Produktivität des Westens nie zu erreichen. Und schon kommen für die anstehenden Ersatzinvestitionen neue Subventionsforderungen.

Die nächsten Jahre werden zeigen: Der Wettbewerb, der aus den osteuropäischen Ländern kommt – übrigens unabhängig davon, wie und wann diese Länder Mitglied der EU werden –, ruiniert diejenigen Arbeitsplätze, die mit denen des Westens nicht wettbewerbsfähig sind, weil eben keine noch so hohe Subvention den Lohnunterschied etwa zwischen Polen, Tschechien und Ungarn auf der einen und den neuen Bundesländern auf der anderen Seite ausgleichen kann. Die international wettbewerbsfähige Industrie hat aber in den neuen Ländern nur einen kleinen Anteil an der Wertschöpfung, so daß sie auf dem Arbeitsmarkt den Niedergang des Bausektors, der völlig künstlich überzüchtet die ersten Jahre der Neunziger geprägt hat, nicht ausgleichen kann. Hier sind wirtschaftliche Strategien versäumt worden.

Was kann man jetzt noch tun?

Die großen Investoren, die manche immer noch suchen, werden nicht kommen oder nur mit so hohen Kapitalsubventionen, daß sie mit wenigen Ausnahmen – z. B. in der Chipindustrie – nicht zu vertreten sind. Mit preiswerten Arbeitskräften können wir auch nicht mehr locken, da die qualifizierten Arbeitskräfte entweder abgewandert oder anderweitig untergebracht sind. Und dort, wo die hohe Arbeitslosigkeit im Hinblick auf die mangelnde Infrastruktur – und meist ist das auch die Ursache für fehlende Ansiedlungen – herrscht, gehen solche Großinvestoren ohnehin nicht hin. Die Unternehmenssitze, die die Großstädte des Westens prägen, werden wir in den neuen Ländern nicht mehr bekommen. Viele Subventionen, wie sie heute noch gegeben werden, werden diese Anpassungsprozesse verlängern, aber die Struktur im Ergebnis nicht verbessern.

Im wirtschaftlichen Bereich können wir mit Subventionen wenig erreichen, aber um so mehr mit Risikokapital und vor allem mit einer wesentlich verbesserten Infrastruktur. Dabei verstehe ich unter Infrastruktur vor allem die Bildungs-, Hochschul- und Forschungsinfrastruktur sowie verbesserte Verkehrssysteme. Was man aus dem Beispiel Jena lernen kann, ist nicht die Frage, ob man Jena kopieren kann! Aber wenn die Politik ihre Schwerpunkte so gestaltet, daß man überall, wo Cluster von Hochschulen, Fachhochschulen, Berufsakademien und Forschungseinrichtungen sind, viel Geld für die Qualifizierung junger Leute ausgibt und dann eben durch Risikokapital auch viele unternehmerische Experimente unterstützt – auch, wenn sie nicht alle erfolgreich werden –, ist das der einzige Weg, um mittelfristig einen neuen unternehmerischen Mittelstand und Industriebesatz aufzubauen, der in zwanzig Jahren – und man muß in so langen Fristen denken – eine tragfähige Wirtschaftsstruktur für die neuen Bundesländer insgesamt ergibt.

Warum beispielsweise wird nicht die Hochschulkapazität, die in den modernen Technologiebereichen – etwa der Informatik – fehlt, mit einem Sofortprogramm in den neuen Bundesländern aufgebaut? 25 Fachhochschulen für Informatik sind eine Einmalinvestition von einer halben Milliarde EURO. Und wenn der Betrieb noch einmal 50 Millionen pro Jahr kostet, sind das trotzdem noch kleine Beträge gegenüber dem, was als Transferleistung von allen Politikern für die nächsten zwanzig Jahre pro Jahr eingeklagt wird (siehe auch Seite 24f.).

Wer soll verstehen, daß der Numerus clausus in der Informatik eingeführt werden soll, gleichzeitig Green Cards für Informatiker ins Ausland vergeben werden – und das in einer Zeit, in der man die Abwanderung junger intelligenter Leute aus dem Osten in alle Welt beklagt. Das Risiko, die Hälfte dieser neuen Bildungseinrichtungen in zehn Jahren wegen mangelnder Nachfrage schließen zu müssen, ist erträglicher als der Gedanke, daß die neuen Bundesländer durch falsche Politik zum großen Teil auf Dauer Subventionsempfänger bleiben. Wahrscheinlich werden aber die zuständigen Fachleute das Thema so lange diskutieren, bis die Bevölkerungsentwicklung zeigt, daß es sich vielleicht gar nicht mehr lohnt, mit den neuen Dingen im Osten anzufangen.

Wenn das, bei allem Optimismus, den ich habe, ein bißchen resigniert klingt, dann deshalb, weil mich das Gefühl beschleicht, daß wir unsere Fortschritte in den neuen Ländern viel zu wenig herausstellen. Nicht, um damit die Schwächen zu übertünchen, sondern um damit Mut für neue und interessante Versuche und Experimente zu schöpfen. Das erfordert allerdings mehr Risikobereitschaft, mehr Konfliktbereitschaft und mehr Mut für das Setzen von Schwerpunkten. Wer in der Strukturpolitik versucht, alle gleich zu behandeln, schadet der ganzen Struktur.

Was wir brauchen, ist mehr Fantasie, mehr Experimentierfreude und mehr Begeisterung. Wenn es uns nicht gelingt, in einer neuen, von allen politischen Kräften getragenen Konzeption für die neuen Länder auch eine neue Solidarität in Deutschland zu erzielen, dann laufen wir Gefahr, die herandrängenden Probleme zu ignorieren, die sich durch den berechtigten Anspruch der osteuropäischen Nachbarländer, in die EU aufgenommen zu werden, ergeben! Das würde zur Resignation und zu einer gefährlichen emotionalen Abwehrstellung führen. Dann sind das europäische Konzept und der nachhaltige wirtschaftliche Erfolg der Wiedervereinigung (der politische Erfolg bleibt immer unbestritten) in Gefahr. Dies lähmt Deutschland, dies lähmt das Wachstum in Deutschland, und das lähmt damit zwangläufig auch Europa.

Wie sagte Ludwig Erhard: „Die Hälfte der Wirtschaftspolitik und ihres Erfolges ist Psychologie!" Wer heute griesgrämig auf den Osten schaut, ihn schon kippen sieht und jeden Tag neue Probleme entdeckt, die das bestätigen, fördert die Resignation. Wer sich dagegen mutig den Schwierigkeiten entgegenstellt und mit neuen Ideen und Vorschlägen die Menschen dazu zwingt, sich mit der Zukunft zu beschäftigen, anstatt versäumten Möglichkeiten nachzutrauern, der bringt die Dinge in Bewegung. Wir haben in Jena etwas in Bewegung gebracht. Darauf sind wir stolz. Aber wir werden uns nicht ausruhen. Wir werden weiter für Bewegung sorgen. Und wir wünschen uns, daß diese von hier ausgehenden Anstöße noch mehr Antriebskräfte für den Osten Deutschlands auslösen!

Politisch richtig, aber wirtschaftlich falsch

Zehn Jahre deutsche Wirtschaftseinheit

Die Sorgen um die Stabilität der D-Mark waren unbegründet.

Zu Recht feiern wir das Glück der deutschen Wiedervereinigung, die allen Europäern eine neue Perspektive für das neue Jahrtausend eröffnet hat. Politisch ist die Wiedervereinigung gelungen, und auch die Kritiker Helmut Kohls müssen ihm bescheinigen, daß er das kurze Zeitfenster für die Zwei-plus-vier-Verhandlungen genutzt und mit Unterstützung Gorbatschows und der Alliierten aus dem Aufstand der Menschen in Ostdeutschland die deutsche Wiedervereinigung gestaltet hat.

Die wirtschaftliche Bilanz dagegen fällt zwiespältig aus. Ich habe vor Jahren gesagt, daß politisch bei der Wiedervereinigung alles richtig gemacht wurde, wirtschaftlich dagegen alles falsch. Aber damals wie heute sage ich, wir hatten gar keine andere Wahl. Es war nicht die Begeisterung der Menschen in den alten Bundesländern für die Wiedervereinigung, die den Währungsumtausch 1:1 ermöglicht hat. Es waren die Demonstrationen in Leipzig mit den Schildern „Kommt die D-Mark, bleiben wir. Kommt sie nicht, dann kommen wir", die in Anbetracht der mit DDR-Bewohnern überfüllten Sporthallen die Stimmung entstehen ließ, trotz dem Wertemißverhältnis die D-Mark 1:1 zu tauschen und auch den Menschen eine bald mögliche Anpassung der Einkommen an das Westniveau zu versprechen. Die Angst, daß die Jungen und Leistungsfähigen nach dem Westen übersiedeln und im Osten ein Problemgebiet entsteht, in dem die wirtschaftlichen, sozialen und strukturellen Probleme nicht mehr lösbar werden, führte dazu, daß eine wirtschaftlich nicht vertretbare Lösung politisch akzeptiert werden mußte.

Es hilft heute nicht, die Frage neu aufzuwerfen, ob man mit einer Wirtschaftszone bei offenen Grenzen zurechtgekommen wäre oder welche anderen Alternativen zur Verfügung standen. Tatsache war, daß wir wirtschaftlich und politisch auf die Wiedervereinigung nicht vorbereitet waren und deshalb verhandeln mußten. Die Folge war ein totaler Zusammenbruch der produzierenden Wirtschaft und ein Bedarf an Transfermitteln, den sich niemand vorgestellt hatte (inzwischen mehr als 1 Billion DM). Die hohen Transfermittel führten dazu, daß das Einkommen der ostdeutschen Bevölkerung zu mehr als einem Drittel aus Transferleistungen des Westens bestand, weshalb die Nachfrage nach Dienstleistungen und Bedürfnissen des täglichen Lebens 70 Prozent des Westniveaus erreichte. Kein Wunder, daß in Ostdeutschland Einkaufszentren und Möbelhäuser wie Pilze aus dem Boden schossen.

Die Entscheidung, die Baumaßnahmen im Osten mit 50 Prozent Steuerabschreibungsmöglichkeiten zu versehen, führte zu einer wilden Grundstücks- und Bauspekulation und zusammen mit den dringend notwendigen Ausbauten der öffentlichen Infrastruktur zu einem Bauboom ohnegleichen. Allerdings richtete sich dieser eben nicht nach der Nachfrage, sondern nach der Spekulation der Steuerabschreiber. Der Bau von Bürozentren, riesengroßen Wohnanlagen, Verkaufseinrichtungen und Hotels bescherte den neuen Ländern zum Teil fast zweistellige Wachstumsraten (– und oft eine schnelle Verschönerung der Stadt- und Dorfbilder). Der Glaube wuchs, daß der Osten tatsächlich in kürzester Zeit die Lücke zum Westen schließen würde.

Die hohen Investitionszuschüsse und Subventionen auf allen Ebenen verdeckten zu Beginn das eigentliche Problem. Der industrielle Sektor einschließlich der Forschung brach total zusammen, und die Hoffnung, daß ein spezieller osteuropäischer Markt die neuen Bundesländer stütze, erfüllte sich ebenfalls nicht. Ein weiteres Problem entstand aus der Tatsache, daß Großbetriebe, die früher in den neuen Bundesländern seßhaft waren, nicht zurückkehrten (wie etwa Zeiss nach Jena, Siemens nach Berlin, die Dresdner Bank nach Dresden, Audi nach Zwickau oder die Buchverlage nach Leipzig), sondern die Hauptquartiere der Firmen im Westen blieben. Auch Forschung, Entwicklung, Marketing und die internationalen Exportkontakte blieben im Westen, und im Osten wurden in der Regel die Produkte hergestellt, die die niedrigste Wertschöpfung hatten. Heute erkennen wir, daß die produzierende Industrie noch etwa 14 Prozent zum Sozialprodukt der neuen Länder beiträgt, weil der Bauboom zu Ende ist und eine Vielzahl leerstehender Wohnungen zu Konkursen im Bereich der Bau- und Immobilienwirtschaft und hohen Abschreibungsbedürfnissen des Kreditsektors geführt hat.

Die Zuwachsraten des Bruttosozialproduktes liegen im Osten unter denen des Westens, obwohl der nunmehr gefestigte industrielle Sektor Wachstumsraten von 12 bis 14 Prozent aufweist. Aber dieses Wachstum geht von einem niedrigeren Niveau aus, und zwei Drittel bis drei Viertel der Wachstumsraten werden durch Produktivitätsfortschritte erzielt, also ohne neue Arbeitskräfte. Wenn nun der Arbeitskräftebedarf in der Industrie um 0,5 Prozent wächst und jener beim Bau um drei Prozent, bezogen auf die gesamten Arbeitskräfte, abnimmt, bleibt bei wachsender industrieller Wirtschaft ein negativer Arbeitsmarktsaldo.

Trotzdem gibt es Erfolgsmeldungen, die nicht übersehen werden sollten. Die Mikroelektronik in Dresden ist Weltspitze, und die Exportraten des Raumes Jena in der Hochtechnologie haben das Niveau von Baden-Württemberg erreicht. Wer die modernen Autoproduktionsstätten in Eisenach von Opel oder in Zwickau von VW sieht, merkt schnell, daß der Osten bei der richtigen Qualifizierung der Menschen und den richtigen Investitionen in moderne Produktionsstätten wettbewerbsfähig geworden ist. Heute fehlen uns im Osten wie im Westen dort, wo die Industrie boomt, die qualifizierten Mitarbeiter.

Wir werden den Sockel der Langzeitarbeitslosen – vor allem von Älteren – nicht los, weil die Qualifikation, die wir für die neuen im Osten entstehenden Unternehmen brauchen, mit der Qualifikation der älteren Arbeitslosen nicht zusammenpaßt. Die Probleme der Industriestandorte werden in Ost und West die gleichen. Jetzt müssen wir warten, bis der Mittelstand von heute eine sich selbst entwickelnde Wirtschaft geschaffen hat, aber das braucht eben noch zehn bis zwanzig Jahre.

Trotzdem, die Transferleistungen sind nicht mehr in der früheren Höhe nötig. Anstatt zum Teil fragwürdiger Subventionen sollte vor allem die Infrastruktur von Forschung und Wissenschaft neben Straßen und Bahnen im Osten schneller ausgebaut werden. Die neuen Unternehmen entstehen im Osten wie im Westen aus den sogenannten Clustern heraus, also aus Universitäten, Fachhochschulen, Forschungseinrichtungen, Technologietransferzentren und der Bereitstellung von Risikokapital. Jena ist nur *ein* gelungenes Beispiel. Von achtzehn an der Börse notierten Unternehmen aus den neuen Bundesländern stammt ein Drittel aus Jena, einer Stadt mit 100 000 Einwohnern.

Auf manches können wir also stolz sein. Anderes dagegen ist nicht gelungen. Aber das sollte unsere Freude über die Wiedervereinigung nicht trüben. Die Sorgen um die Stabilität der D-Mark waren unbegründet. Die Probleme des EURO sind nicht die Probleme von Ostdeutschland, sondern die Probleme mangelnden Willens, Europa so zu gestalten, daß die internationalen Investoren wissen, was die Europäer wollen.

Die Schonfrist ist vorbei

Chancen für mehr Beschäftigung durch mehr Markt

Vor 15 Jahren wollten in Westdeutschland siebzig Prozent aller Studenten in den öffentlichen Dienst. Man stelle sich vor, es hätten alle geschafft.

Der Osten braucht eine zweite Wende: Die soziale Marktwirtschaft muß in den neuen Ländern *erstmals richtig* in Kraft gesetzt werden. Seit 1990 ist hier einiges ziemlich schiefgelaufen. Ein Hauptfehler: Wir haben zu viele Dinge aus dem Westen einfach ungeprüft auf den Osten übertragen. So waren zum Beispiel die Hochschulen im Westen schon vor der Wende reformbedürftig. Nun haben wir diese überkommenen Strukturen auch im Osten! Ironisch könnte man anmerken: Da haben wir jetzt wenigstens ein gemeinsames Problem, nämlich ein gemeinsames Hochschulproblem.

Nach der ersten Wende haben wir in den neuen Bundesländern in rasantem Tempo Wirtschaft abreißen, umbauen und aufbauen müssen. Niemand war darauf optimal vorbereitet. Wir wußten alle nicht, nach welchen Spielregeln das geht. Allen Fehlschlägen zum Trotz – es war auf jeden Fall richtig, erst einmal zu experimentieren. Aber es wäre falsch, aus den Fehlern, die dabei zwangsläufig auch gemacht worden sind, nicht zu lernen!

Das größte Problem des Ostens aus heutiger Sicht: Viel

zu lange haben wir Industrieleichen mit viel Treuhandgeld am Leben erhalten. Das Geld wurde nicht für Forschung und für die Zukunft ausgegeben, sondern immer nur dann, wenn die Gefahr bestand, daß eine Industrieleiche zur Grablegung muß. Dann wurde ratenweise wieder gezahlt, damit man sie noch ein bißchen hin und her tragen konnte. Man hat ein und denselben Betrieb immer aufs neue privatisiert und dabei jeweils wieder die Hälfte der Belegschaft entlassen. Gleichzeitig war aber klar, daß die verbliebenen Mitarbeiter auch keine Zukunft haben.

Auf diese Weise hat man Zeit gewonnen. Dabei hat sich aber ein Kardinalfehler verfestigt: Wir waren immer zu sehr auf dem Friedhof für Unternehmen beschäftigt, statt auf der Geburtsstation für innovative, forschungsintensive Industrien. Sie sind viel zu wenig gefördert worden. Das alles war vielleicht ein paar Jahre zu dulden. Aber jetzt muß diese Phase abgeschlossen sein. Wir müssen nach vorn schauen!

Die Schonfrist für den Osten ist vorbei. Wir können heute im internationalen Geschäft nicht mehr sagen: „Wir sind die aus Ostdeutschland. Seid mal ein bißchen nett zu uns.“ Wenn ich heute meine Geschäftspartner in Singapur treffe und sage: „Lothar Späth, Ostdeutschland“, dann sagt der immer: „Tschung, Singapur“. Und guckt mich ziemlich komisch an. Und im Gespräch merke ich dann, daß Herr Tschung von den Problemen in Ostdeutschland ungefähr soviel weiß wie ich von den Problemen in Ost-Timor. Und dann reden wir lieber übers Geschäft.

Das heißt: Nach zehn Jahren können Ostdeutsche nicht mehr auf irgendeinen Bonus hoffen, wenn sie der Welt mit dem Satz kommen: „Wir Ostdeutschen sind immer die zweite Gruppe." Wir sollten auch nicht länger vom „Ost-Markt" reden. Unser Markt funktioniert nach den gleichen Gesetzen wie in Westdeutschland!

Es ist Zeit für eine ehrliche Bilanz der Ost-Förderung: Am erfolgreichsten waren Subventionen für die industrielle Hochtechnologie. Unternehmen aus diesen Bereichen konnten den internationalen Wettbewerb postwendend aufnehmen. Die dort beschäftigten ostdeutschen Mitarbeiter haben längst gezeigt, daß sie ihren Job genauso gut machen wie die Westdeutschen. Das können sie, weil ihnen ihre modernen Betriebe von den Produktionsstrukturen und Märkten her die gleichen Chancen bieten können, wie sie Westdeutsche haben. Die wirtschaftlichen Probleme in den neuen Ländern haben nichts mit den Arbeitskräften im Osten zu tun. Sie sind keineswegs schlechter, wie manche im Westen vielleicht gehofft hatten.

Industrie Ost – noch ein zartes Pflänzchen

Neue Stellen kann uns nur eine moderne Industrie bringen. Doch die ist derzeit noch zu dünn gesät in den neuen Ländern. Sie erwirtschaftet nur rund fünfzehn Prozent des Sozialproduktes Ost. Deshalb werden selbst industrielle Wachstumsraten von bis zu zwölf Prozent gesamtwirtschaftlich kaum sichtbar. Das Bild verdüstert sich zusätzlich, weil die Bauwirtschaft rapide abbaut.

„Warum entstehen nicht wenigstens in der Industrie

mehr neue Jobs?" werde ich öfter gefragt. Ich habe das in unserem Unternehmen einmal untersucht. Solange wir wenig Aufträge hatten, haben die Leute sich an der Arbeit festgehalten. Die haben wahrscheinlich gedacht: „Wenn wir fertig sind, schmeißt der Späth uns raus, weil keine Arbeit mehr da ist. Also nur ja keine Eile!"

Jetzt sind die Auftragsbücher voll, und wir müssen dauernd Überstunden fahren. Alle legen sich ins Zeug, und die Produktivität im Unternehmen nimmt auf einmal um acht oder neun Prozent pro Geschäftsjahr zu. Wenn wir also jetzt ein Wachstum von zwölf Prozent haben und gleichzeitig acht Prozent Produktivitätssteigerung, dann brauche ich – sehr grob vereinfacht – nur vier Prozent mehr Mitarbeiter.

Ich möchte diese Schwarz-Weiß-Malerei noch ein bißchen fortsetzen, um das Problem des ostdeutschen Arbeitsmarktes zu verdeutlichen: Vier Prozent neue Mitarbeiter in der Ostindustrie, die fünfzehn Prozent der gesamten Ostwirtschaft stellt – das ergibt nur rund 0,6 Prozent neue Stellen für den gesamten Arbeitsmarkt Ost. Wenn aber gleichzeitig der Bau, der fast dreißig Prozent der Wirtschaft in den neuen Ländern ausmacht, zehn Prozent verliert, dann fehlen mir auf der anderen Seite drei Prozent Arbeitsplätze. Rechne ich die 0,6 Prozent neuen Industrie-Jobs dagegen, komme ich immer noch auf ein Minus von 2,4 Prozent.

Ich gebe zu, daß das eine Milchmädchenrechnung ist. Aber sie zeigt: Bevor die Anpassung der Bauwirtschaft in den neuen Ländern nicht abgeschlossen ist, können wir keine durchgreifende Besserung der Lage auf dem Arbeitsmarkt Ost erwarten.

Zweigeteilte Wirtschaft

Viel diskutiert wird in Ostdeutschland über den Zusammenhang zwischen Löhnen und Produktivität. Argumentiert wird mit statistischen Mittelwerten, die nur wenig über die jeweilige Situation vor Ort sagen. Wir arbeiten in Stuttgart, in Nürnberg und in Jena. Am produktivsten sind wir dieses Jahr in Jena. Wir liegen in Thüringen also über Westniveau. Wir haben die geringsten Krankheitsraten. Und wir haben nach einjährigem Arbeitskampf in Jena die flexibelsten Tarifverträge. Wir sind so flexibel, daß wir unseren Leuten sagen können: „Es gibt im nächsten Jahr keine Entlassung – egal wie die Wirtschaft läuft." Das ist die Antwort des Arbeitgebers auf die Flexibilität seiner Arbeitnehmer und deren Bereitschaft, flexibel auf die Auftragslage zu reagieren.

Wir haben in Ostdeutschland eine zweigeteilte Wirtschaft. Einige moderne Industrien wie JENOPTIK, Infineon in Dresden, VW in Zwickau oder Opel in Eisenach sind bei der Produktivität mindestens genauso gut oder besser als im Westen. Gleichzeitig gibt es im Osten aber auch noch viele Betriebe, die gerade fünfzig Prozent der Westproduktivität oder sogar weniger erreichen und oft mit verdeckten Minus-Zahlen arbeiten. Das ist ein wenig so, als ob man mit einem Bein auf der Herdplatte steht und mit dem anderen Bein im Kühlschrank. Wenn Sie den Mittelwert aus diesen beiden Temperaturen bilden, ergibt sich daraus ein Durchschnittswert, der ganz angenehm erscheint. Doch das sagt nichts darüber aus, wie es den Füßen geht.

Dieses Bild soll deutlich machen, wie sehr der Umgang mit Durchschnittswerten in die Irre führen kann. Die Wirtschaft in den neuen Ländern ist sehr bedroht. Ihr fehlen Bereiche mit hoher Wertschöpfung. Diese Lage ist auch entstanden, weil viele Westinvestoren nur ihre Produktion hierhin verlagert haben. Das Management, die hohen Wertschöpfungsbereiche Forschung, Marketing und Vertrieb blieben im Westen. Und damit auch die Dienstleister, die sich in westdeutschen Städten rund um die Zentralen der Unternehmen herum angesiedelt haben: Steuerberater, Wirtschaftsprüfer, Anwälte und viele andere attraktive Arbeitgeber.

Dieser Zug ist für den Osten abgefahren. Wir bekommen die Dresdner Bank nicht mehr nach Dresden, die Zentrale von Carl Zeiss Oberkochen nicht mehr nach Jena und die Hauptverwaltung von Audi nicht mehr nach Zwickau oder Chemnitz. Vergessen wir's! Unsere einzige Chance ist es, eigene neue mittelständische Strukturen aufzubauen. Dies muß über viele Jahre hinweg stattfinden, bis wir eine Industrie haben, die nennenswerte Größenordnungen erreicht. Dieses Ziel können wir nur mit Hochtechnologie erreichen.

Wenn wir in den neuen Ländern neue Arbeitsplätze wollen, müssen wir jetzt möglichst viele neue Unternehmen aufbauen. Und dazu brauchen wir die typische Cluster-Bildung, die wir überall in der Welt beobachten. Wir brauchen außerdem Hochschulen, Fachhochschulen,

Fraunhofer-Institute daneben und Forschungseinrichtungen mit viel Elan. Wir müssen Professoren erlauben, mit ihren Studenten Unternehmen zu bilden. Es behaupten zwar alle, daß das geht. Aber sie versuchen es nie praktisch. Sie würden ihr blaues Wunder erleben, was es für Blockaden in den Ausführungsbestimmungen der Hochschulgesetze gibt!

Neue Chancen durch Flexibilität

Neue Jobchancen haben wir auch im Dienstleistungsbereich – aber nur, wenn wir ein großes Maß an Flexibilität aufbringen. Ich wundere mich immer, wie viele Dienstleister bei uns in Jena aktiv sind. Sie zahlen nicht die Löhne von JENOPTIK. Trotzdem arbeiten die Leute bei ihnen. Weil sie die familiäre Atmosphäre in ihrem Unternehmen mögen – vor allem aber, weil sie unglaublich flexibel sind. Wenn diese Flexibilität aber vom Gesetzgeber oder den Tarifpartnern verhindert wird, haben wir entweder keine Beschäftigung oder wir müssen wieder auf Kunstgebilde ausweichen, die viel staatliches Geld kosten. Der Bau war ein solches Kunstgebilde. In den ersten Jahren nach der Wende war das richtig. Doch jetzt schrumpft die Bauwirtschaft auf Normalgröße.

Wir haben große Reformaufgaben auf dem Arbeitsmarkt vor uns. Die Probleme versuchen wir dauernd mit zweiten Arbeitsmärkten und ABM zuzudecken, damit wenigstens die Statistik in Ordnung ist. So ist ein riesiger Apparat entstanden, der das nicht Lösbare verwaltet. Das Ergebnis: Neunzig Prozent aller Transfers für den Osten fließen in den Konsum und den Sozialbereich – und dort vor allem in die Verwaltung. Die öffentliche Hand hat in den neuen Ländern einen Anteil von 27 Prozent der gesamten Wertschöpfung.

Aus diesem Dilemma kommen wir nur heraus, wenn wir endlich offen zugeben, daß wir in den neuen Ländern einen gespaltenen Arbeitsmarkt haben und entsprechend handeln. Wenn Unternehmen hier satte Gewinne machen, haben sie kein Problem, vollen Westlohn zahlen. Aber daraus darf man nicht die Forderung ableiten, daß alle Unternehmen ebenfalls den vollen Westlohn zahlen sollen. Ebenso falsch ist der Vorwurf, es seien schlechte Unternehmen, wenn sie in Konkurs gehen, weil sie den vollen Lohn nicht zahlen können. Falsch ist es auch, in einer solchen Situation darauf zu bauen, daß der Staat das Problem löst. Das wird nur noch teurer für alle. Aber viele Leute halten das für gerecht – weil es vom Staat kommt! Einen Unternehmer, der an unserem starren Arbeitsmarkt scheitert, halten sie dagegen für einen Versager.

Als Chef habe ich die Erfahrung gemacht: Wenn man heute mit seinen Mitarbeitern redet, läßt sich für alles eine Lösung finden. Die Unternehmen in den neuen Ländern brauchen diese Luft und Bewegungsfreiheit. Anders können wir die ostdeutsche Wirtschaft nicht aufbauen! Zunehmend entdeckt übrigens auch der Westen, daß er genau dieselben Probleme hat.

Mit jeder Entlassungswelle wegen schlechter Konjunktur wird der Block der Langzeitarbeitslosen größer. Diese werden dann in immer neuen Umschulungen versteckt.

Ich hätte gern mal eine ehrliche Statistik, was diese Umschulerei kostet und was dabei herauskommt. Ich kann mir gut vorstellen, daß es da Leute gibt, die bis zur Pension sechs Umschulungen gemacht haben. Dann gehen sie „hochqualifiziert“ spazieren und denken darüber nach, wie es ihnen ginge, wenn sie wirklich so erfolgreich geworden wären, wie man es ihnen bei der ersten Umschulung versprochen hat.

Bildung statt ABM

Wir diskutieren jeden Tag über viele Milliarden, die wir für den zweiten Arbeitsmarkt brauchen. Aber wir sind nicht in der Lage, genügend Informatiker auszubilden. Dies nicht etwa, weil Bewerber fehlen – im Gegenteil! Wir müssen einen Numerus clausus einführen, weil wir nicht genügend Studienplätze haben. Wir werden doch wohl in der Lage sein, zwanzig bis dreißig Fachhochschulen für Informatik einzurichten! In jeder mittleren Stadt gibt es genügend Gebäude, die man für jeweils ein paar Millionen herrichten kann (siehe auch Seiten 23 und 158).

Um diese Fachhochschulen herum könnte man Gründerzentren bauen. Da würde sich dann etwas in Richtung Zukunft bewegen! Die wichtigste Infrastrukturinvestition ist es, unsere jungen Menschen zu qualifizieren und sie im Idealfall fürs Unternehmertum zu begeistern. Wo sollen die neuen Arbeitsplätze denn herkommen? Der Staat kann sie nicht schaffen!

Wenn ich mir das Audi-Werk in Ungarn oder die VW-Produktion in Tschechien oder China anschaue, dann wird mir bewußt, in welch gnadenloser Wettbewerbssituation wir stehen. In Schanghai kostet die Arbeitsstunde inklusive aller Sozialabgaben 45 Cents! Wenn wir in diesem Wettbewerb bestehen wollen, müssen wir unsere Produktivität erhöhen. Dazu brauchen wir intelligente Unternehmer. Wir müssen alles tun, diesen Nachwuchs auszubilden. Und wir brauchen einen Mentalitätswechsel in unserem Land.

Leistung muß sich lohnen. Denken sie einmal an ein Fußballspiel: Da geht es auch nicht an, daß die einen stürmen wie die Verrückten, und der Rest der Mannschaft besichtigt das Ganze als Schiedsrichter und gibt gute Ratschläge – und am Ende wird im Namen der „Sozialen Gerechtigkeit“ halbe-halbe gemacht. Wer nicht mitspielen will, muß auch ein wenig Druck spüren. Wir müssen ihm sagen: „Dann lebst du auch ein bißchen schlechter.“ Ich würde das als „Mut zur Ungleichheit“ bezeichnen.

Wir brauchen jetzt eine energische Phase, in der Deutschland wieder in Ordnung gebracht wird. Auch ich hätte schönere Zeiten in Jena gehabt, wenn ich die 16 000 Leute dort nicht entlassen hätte. Als es überstanden war, haben die Leute gesagt: „Jetzt haben wir eine Grundlage, auf der wir aufbauen können.“ Heute sind sie stolz, daß wir bei elf Prozent Arbeitslosigkeit angelangt sind. Sie sind stolz, daß sich laufend junge Unternehmen gründen. Was aber wäre heute, wenn ich vor zwölf Jahren gesagt hätte: „Wir machen fröhlich weiter wie bisher – fünf Jahre reicht unser Geld bis zum Konkurs.“ Dann wäre diese „Lustveranstaltung“ schon seit sieben Jahren erledigt. Und niemand bei JENOPTIK hätte einen Job.

Ähnlich muß jetzt auch die Politik vorgehen. Sie sollte zuerst die unangenehmen Dinge erledigen, damit die Wirtschaft wieder Luft bekommt. Mit immer neuen Gesetzen kommen wir in dieser Lage nicht weiter. Erst wird der Arbeitsmarkt so reguliert, daß man sich kaum noch darin bewegen kann. Und dann will die Politik mit einem „Job-Aktiv-Gesetz" einen Ausweg aus der selbst verursachten Misere schaffen – nach dem Motto: „Lieber Arbeitsloser, hier bekommst du eine Sauerstoffdusche, damit du den Mief auf dem Arbeitsmarkt aushältst." Ununterbrochen klopfen sich die Politiker auf die Schulter und sagen sich: „Wir lassen den Leuten doch einen Ausweg."

Wir müssen dieses System durchbrechen, um die Menschen zur Leistung zu motivieren. Ich finde es übrigens toll, daß wieder viele junge Leute in Ost und West Unternehmer werden wollen. Vor fünfzehn Jahren wollten in Westdeutschland siebzig Prozent aller Studenten in den öffentlichen Dienst. Man stelle sich vor, es hätten alle geschafft!

Ludwig Erhard hat stets „Maß halten" gefordert. Und weil wir nicht Maß gehalten haben, haben wir heute einen maßlosen Wohlfahrtsstaat. Wenn wir das nicht in Ordnung bringen können, bekommen wir keine Wachstumsraten. Und dann können wir keine Sozialleistungen bezahlen – es sei denn, wir machen Schulden dafür. Dann gehen unsere Kinder bankrott. Wir müssen den Menschen klarmachen, daß jemand den Wohlstand erzeugen muß, wenn sie ihn haben wollen.

Eine zweite Wende im Osten

Investitionen für den Aufbau einer zukunftsfähigen Industrie

Wer Prioritäten setzen will, braucht auch den Mut zu sagen, was weniger wichtig ist.

Alle erklären die Probleme in den neuen Bundesländern zur Chefsache, aber das scheint inzwischen eher eine Drohung zu sein. Was wir brauchen, ist eine zweite Wende im Osten. Natürlich ist es hilfreich, die Verkehrsinfrastruktur noch schneller zu verbessern und vor allem die Bildungsinfrastruktur so auszubauen, daß um Hochschulen, Fachhochschulen und Forschungseinrichtungen Saatfelder für einen neuen, dynamischen Mittelstand entstehen. Das Warten auf die Großinvestoren, die Ostdeutschland noch nicht entdeckt haben, hilft jedenfalls nicht weiter.

Aber es macht auch keinen Sinn, nach zehn Jahren noch auf ABM, betriebliche Dauersubventionen und Umschulung zu hoffen. Das schönt nur die Statistik und bringt nicht viel. Meist vermitteln ABM Qualifikationen, die kein Arbeitgeber nachfragt. Die Teilnehmer erhalten nicht die richtigen Anreize, sich selbst um einen Job zu bemühen. Der bewährte Ansatz, Hilfe zur Selbsthilfe zu bieten, wird nicht ernst genommen. Die vielen Milliarden, die in den zweiten Arbeitsmarkt fließen, wären besser angelegt, wenn man sie in die Fachkräfteausbildung und Bildungsinfrastruktur investieren würde.

In massiven Investitionen für die Ausbildung ostdeutscher Nachwuchskräfte liegt der Schlüssel zum Aufbau einer zukunftsfähigen Industrie. Daß Ostdeutschland in dieser Hinsicht Potential hat, zeigen die Halbleiterwerke in Dresden oder die Pläne für den Bau einer hochmodernen Solarzellenfabrik im sächsischen Freiberg. Es gilt nun, mit einer konsequenten Arbeitsmarkt- und Bildungspolitik den eingeschlagenen Weg fortzusetzen und die bestehenden Potentiale in die richtige Richtung zu entwickeln.

Die qualifizierten Arbeitskräfte, vor allem die Jüngeren, sind untergebracht oder ausgewandert. Und die erfolgreichen neuen Unternehmen im Osten haben Wachstumsraten, die in vielen Fällen über denen in den alten Bundesländern liegen. Aber dort, wo die Unternehmen gut funktionieren, müssen sie jetzt in raschen Schritten die westliche Produktivität erreichen, um zu überleben, und das bedeutet, ihre Wachstumsraten wirken sich kaum auf den Arbeitsmarkt aus. Das gilt mindestens so lange, bis die überdimensionierte Bauwirtschaft, die jedes Jahr um zehn Prozent abnimmt und damit die Zahl der Arbeitsplätze schneller verringert, als sie die produzierende und dienstleistende Wirtschaft schaffen kann, Normalmaß erreicht hat.

Darüber werden noch einige Jahre vergehen. Wenn aber in dieser Zeit die mittelständischen Strukturen wieder kaputtgehen, wenn die öffentliche Hand mit ihrem überdimensionierten Personalbestand und ABM-Organisationen mit Hilfe hoher Subventionen billiger arbeiten kann als der Mittelstand, wird die notwendige Strukturbereinigung nie stattfinden. Und Unternehmen, die nach zehn Jahren noch nicht einmal 50 Prozent der Produktivität der alten Bundesländer erreicht haben, werden ihre Arbeitsplätze in den nächsten Jahren ganz schnell nach Polen, Ungarn und Tschechien verlieren.

Ich bin nicht skeptisch, was die Zukunft der neuen Bundesländer angeht. Immer mehr gute Beispiele werden sichtbar. Aber es muß ein Unternehmergeist entstehen, und der entsteht nicht, wenn die Unternehmer es satt haben, gegen den Widerstand der Bürokratie neue Jobs zu schaffen und statt dessen die Politiker die Jobs erfinden. Und an den Runden Tischen sitzen zunehmend die Zukunftsverweigerer und Besitzstandswahrer und nicht die Revolutionäre, die etwas verändern wollen.

Wir brauchen im Osten eine Bündelung der Kräfte. Wer Prioritäten setzen will, braucht auch den Mut zu sagen, was weniger wichtig ist. Die Orientierung an marktwirtschaftlichen Prinzipien wird uns dabei die notwendigen Entscheidungen erleichtern. Wenn wir diese Prinzipien stärker beherzigen, haben wir allen Grund zum Optimismus.

Unternehmer braucht das Land

Wir müssen im Osten einen neuen Mittelstand ausbilden

Wenn wir nicht die junge Generation in den neuen Ländern halten, werden sie zwischen der Dynamik Osteuropas und den Wettbewerbsvorteilen der alten Bundesländer zerrieben.

Die alten Industriekombinate der DDR sind zusammengebrochen, und der im industriellen Bereich bescheidene Neuaufbau brachte gerade fünfzehn bis zwanzig Prozent der industriellen Arbeitsplätze in den letzten zehn Jahren zurück. Die neuen Industrieunternehmen im Osten – bis auf ganz wenige Ausnahmen wie beispielsweise die Jenoptik-Tochtergesellschaften – werden von westdeutschen oder internationalen Industriekonzernen gesteuert.

Immerhin ist es durch gezielte Ansiedlungspolitik einigen Regionen gelungen, wenigstens einige größere kapitalintensive Produktionsbetriebe wiederzubekommen, die heute international wettbewerbsfähig sind. Da sind beispielsweise die Halbleiterindustrie in Dresden, die Autoindustrie in Sachsen und Westthüringen oder auch einige Investitionen im alten Chemiedreieck von Sachsen-Anhalt. Aber das Beispiel von BMW in Leipzig hat gezeigt, daß innerhalb Europas – unter Einbeziehung von Osteuropa – ein gnadenloser Standortwettbewerb begonnen hat. Bei der Auswahl von Fabrikstandorten im Maschinenbau- und Automobilbereich werden in Zukunft immer mehr Standorte aus den osteuropäischen Ländern ins Spiel kommen, die im Hinblick auf Lohnniveau und Arbeitsstrukturen in den nächsten Jahren als Sieger vom Platz gehen dürften.

Was also ist zu tun? Sicher nicht die Hände in den Schoß legen und auf irgendwelche Wunder warten. Das Kostenniveau in den neuen Bundesländern ist inzwischen so hoch, daß nur noch hochproduktive und damit kapitalintensive Industrien eine Chance haben (und da wird der Wettbewerb für uns in den neuen Ländern immer schwieriger) oder aber neue Unternehmen mit innovativen Technologie- und Dienstleistungsprodukten. Es ist endlich Zeit, daß wir uns in allen neuen Bundesländern auf den Aufbau der Infrastruktur für diese Entwicklung konzentrieren.

Was heißt das? Wir brauchen einen neuen unternehmerischen Mittelstand, der im Umfeld von Forschung und Wissenschaft entsteht und sich in den großen Wachstumsmärkten Mikroelektronik, Software, Mikro- und Medizintechnik sowie der Gesundheits- und Finanzdienstleistungen bewegt und der ein kreatives und wissenschaftlich-technisches Umfeld benötigt. Dieses Umfeld besteht aus Universitäten, Fachhochschulen, Max-Planck- und Fraunhofer-Instituten sowie Technologietransfereinrichtungen. Der Wettbewerb der Biotechnologieregionen im Deutschland der neunziger Jahre hat schließlich immerhin bewiesen, daß neben den westdeutschen auch neue ostdeutsche Zentren durchaus mithalten können.

Diese Idee ist keine Erfindung für Ostdeutschland, sondern läßt sich in aller Welt beobachten. Die großen neuen Technologie- und Wirtschaftscluster entstehen vor allem in Bayern (Martinsried: Biotechnologie), in Baden-Württemberg (Neckarraum), in Darmstadt, Aachen oder auch in Köln und Berlin (beispielsweise im Medienbereich). Sie sind in Jena (Optoelektronik, Biotechnologie) entstanden und entwickeln sich auch um die sächsischen Universitäten herum. Sie prägen die Alpenregion in Frankreich (Lyon, Grenoble), in Südfrankreich die Wissenschaftsstadt Valbonne Sophia Antipolis, sie prägen Cambridge und Wales, sie sind Standortfaktoren für Boston, Stanford und das Silicon Valley. Sie bestimmen aber auch immer mehr die Dynamik in Südostasien, vor allem in der Volksrepublik China.

Wenn wir also über Zukunftsinvestitionen in den neuen Bundesländern reden, dann dürfen wir nicht immer nur über Autobahnen, Schienen und Plattenbauten sprechen, sondern wir müssen vor allem darüber reden, daß wir jetzt die letzten Jahre vor uns haben, in denen die Zahl der Schul- und Studienabgänger noch etwas ansteigt. Diese Phase müssen wir nutzen, um massiv in das Bildungs- und Forschungssystem zu investieren. Wenn wir jetzt nicht die junge dynamische Generation in den neuen Ländern halten, werden wir zwischen der Dynamik Osteuropas und den Wettbewerbsvorteilen der alten Bundesländer zerrieben.

Nehmen wir nur das Beispiel Halle, das eine große Universitätstradition und auch gute Grundlagen in der wissenschaftlichen Forschung und Entwicklung hat. Jetzt geht es darum, an der alten Alma mater rasch moderne Studiengänge mit schnellen Abschlüssen aufzubauen, um die junge Generation fit für das Unternehmertum zu machen. Gleichzeitig müssen Technologietransfer-Einrichtungen und Gründerzentren als Brutstätten für junge Unternehmer, Business-Angels, die sich um die Finanzierung der Jungen kümmern, und Organisationen, die mit öffentlicher Unterstützung Risikokapital bereitstellen, zusammen mit gezielten Forschungsinstituts-Investitionen den Rahmen für eine solche Entwicklung bilden. Alles andere muß zurückstehen.

Aber da ist der Haken. Eine solche Dynamik junger Unternehmer entsteht nur in einem begeisterungsfähigen Umfeld und nicht dort, wo sich jeden Abend die Beteiligten treffen, um die Schwierigkeiten zu bejammern und mehr über den Gerechtigkeitsanspruch auf soziale Leistungen als über den Aufbau eines neuen wirtschaftlichen Unternehmertums zu reden, das später in der Lage ist, durch seine Steuerabgaben die sozialen Leistungen zu finanzieren.

Schon Ludwig Erhard hat gesagt: „Der Motor der Wirtschaft ist der selbständige Unternehmer, und die Bürokratie ist sein natürlicher Feind." Und noch etwas hat er gesagt: „Die Hälfte ist Psychologie." Wenn Sie mich fragen, woran die Entwicklung in den neuen Ländern krankt, dann ist es der mangelnde Glaube an die Entwicklungs- und Leistungsfähigkeit unternehmerischer Menschen, der Neid gegenüber den Erfolgreichen und die Häme gegenüber den Gescheiterten. Zuerst müssen wir uns ändern – und dann die Politik.

Bildung ist (noch) wichtiger als Verkehr

Ab jetzt endlich mit mehr Vernunft

Viele Wähler der PDS wollen nur in der neuen Welt gebraucht werden.

Machen wir uns nichts vor: Trotz des beschlossenen Solidarpakts 2, der die Sonderhilfen für die neuen Länder um fünfzehn Jahre verlängert, kommen auf Ostdeutschland noch harte Zeiten zu. Die Bauwirtschaft schrumpft auch in den nächsten zwei bis drei Jahren um jeweils ein Zehntel – und entläßt mehr Leute, als die aufblühenden Industrieunternehmen einstellen. Zugleich gibt es auch in der Industrie noch viele Pleiten: Die Produktivität liegt im Durchschnitt unter 50 Prozent des Westniveaus – wenn man die kapitalintensiven Hightech-Fabriken von VW, Opel, Siemens oder Jenoptik herausrechnet. Gegen die doppelte Konkurrenz von hochproduktiven Westbetrieben und Billiganbietern aus Osteuropa haben viele keine Chance.

Für die zweite Phase des Aufbaus Ost, mit den Milliarden aus dem Solidarpakt 2, müssen die Politiker solche Realitäten zur Kenntnis nehmen. Sie sollten auch nicht länger auf irgendwelche Großinvestoren warten, die angeblich nur noch nicht erfahren haben, wie günstig die Standortbedingungen in den neuen Bundesländern sind. All das ist ausgereizt. Auch der Verweis auf die vielen hochqualifizierten Arbeitskräfte im Osten zieht nicht mehr. In Wirklichkeit ist es doch so: Dort, wo die Infrastruktur in Ordnung ist, herrscht meist schon Mangel an Fachkräften.

Deshalb muß der Hauptteil des Geldes künftig in den Ausbau der Infrastruktur fließen – und zwar in erster Linie ins Bildungs- und Hochschulwesen. Das ist wichtiger als alles andere, sogar wichtiger als die Verkehrsinfrastruktur. Es muß das Ziel sein, um die bestehenden Universitäten und Fachhochschulen herum ein Netzwerk von modernen Forschungs- und Lehreinrichtungen zu schaffen. Nur wenn das gelingt, wird die junge Generation in den neuen Bundesländern zu halten sein. Und nur dann wird sie dort die dringend nötige neue Unternehmenslandschaft aufbauen, vor allem in den Bereichen Hochtechnologie und Informatik.

Hier ist ja nach dem Zusammenbruch der alten DDR-Wirtschaft eine große Lücke in der ökonomischen Struktur entstanden. Fast die gesamte Industrieforschung ist verschwunden, weil die meisten Unternehmen von West-Konzernen übernommen und im wesentlichen zu verlängerten Werkbänken entwickelt wurden. Auch der Schwerpunkt von Marketing und Vertrieb liegt im Westen – und damit der Bedarf an hochqualifizierten Dienstleistungen, von den Rechenzentren bis zur Steuer-, Finanz- und Werbeberatung.

Auch wenn die Bäume nicht in den Himmel wachsen: Der Osten hat eine realistische Chance, in den nächsten zehn Jahren einen leistungsfähigen Mittelstand mit einer gesunden Eigenkapitalstruktur aufzubauen. Eine andere Alternative gibt es nicht. Oder soll Ostdeutschland den Standortwettbewerb etwa auf der Kostenseite gewinnen? Flächentarif hin oder her – wer immer den Unternehmen weismachen will, sie könnten die Lohnnebenkosten auch nur auf der gegenwärtigen Höhe halten, geschweige denn senken, der schürt eine neue Illusion. Die Zukunft der neuen Länder liegt in höherer Produktivität. Das ist nicht nur eine Frage der ökonomischen Kennziffern, sondern auch der Mentalität – und zwar der gesamtdeutschen! Warum haben sich die Ministerpräsidenten nur übers Geld verständigt, nicht aber auf eine große Gemeinschaftsaktion nach dem Motto „Der Osten packt's"? Wir sollten die ökonomischen Wirkungen solcher Kampagnen nicht unterschätzen.

Wenn dieser Stimmungswandel gelingt, weg von der Ernüchterung der 90er Jahre hin zu einer realistischen Perspektive für das kommende Jahrzehnt, dann wird das auch Folgen für die politische Landschaft in Ostdeutschland haben. Viele Wähler der PDS, vor allem jüngere, werden ihr den Rücken zuwenden. Die Partei lebt nicht von der Idee des Kommunismus, wie manche im Westen noch immer vermuten, sondern von der Nostalgie der vielen Menschen, die sich in der neuen Welt nicht zurechtfinden. Es hilft nicht, sie der Undankbarkeit über die neue Freiheit zu schelten. Sie wollen nur in der neuen Welt gebraucht werden.

22 Schiedsrichter und ein Stürmer

Die Bürokraten lassen sich dauernd neue Spielregeln einfallen

Am Ende kommt es nicht auf das Geld der Steuerzahler an, sondern auf die Machtprinzipien von großen Interessengruppen.

Es ist zum Verzweifeln! Die ostdeutsche Wirtschaft steckt in gewaltigen Schwierigkeiten. Die gesamte Bauwirtschaft in den neuen Bundesländern ist in einer Existenzkrise. Der einzige Hoffnungsschimmer für die mittelständischen Bau- und Zulieferunternehmen besteht darin, wenigstens mittels einer flexiblen Arbeits- und Tarifstruktur durch die Übernahme von Aufträgen in den alten Bundesländern über die Runden zu kommen.

Dabei ist es kein Geheimnis, daß die Kalkulationen nur aufgehen, wenn die Mitarbeiter bereit sind, auf gewisse tarifliche Zuschläge, wie beispielsweise für lange Fahrten zur Baustelle, zu verzichten. Sie tun dies, um ihre Arbeitsplätze zu erhalten und um nicht gezwungen zu sein, auf Dauer gleich an Arbeitsplätze in den alten Bundesländern zu wechseln. Das gilt vor allem für junge Leute mit Familien.

Und was macht die Bundesregierung? Sie gibt wieder einmal dem Druck der westlichen Gewerkschaften nach und verlangt für alle öffentlichen Aufträge eine strikte Tariftreue, und zwar ausgehend von den Tarifen am Ort. Das heißt zum Beispiel dort, wo die Konjunktur und vor allem die Baukonjunktur wieder vorankommt wie in München, Frankfurt am Main oder Stuttgart, müssen die geltenden Höchsttarife auch an die ostdeutschen Mitarbeiter von ostdeutschen Firmen gezahlt werden.

Das Ganze wird natürlich mit einem riesigen bürokratischen Aufwand kontrolliert werden müssen. Das heißt, im Ergebnis gehen die Ostarbeitsplätze im Bau verloren, und dafür werden Bürokratenarbeitsplätze im öffentlichen Dienst zu Lasten des Steuerzahlers geschaffen. Wer sich die Abrechnungen der Bundesbauten in Berlin anschaut, wo auch Hunderte von Millionen Mehrkosten entstanden sind, der ahnt, daß es am Ende nicht auf das Geld der Steuerzahler ankommt, sondern auf die Machtprinzipien von großen Interessengruppen.

Den bisher vernünftigsten Diskussionsbeitrag hat für mich der schwäbische Abgeordnete der Grünen, Oswald Metzger, geleistet. Er rechnete aus, daß die gesamte Veranstaltung etwa jährlich fünfzig Millionen EURO Verwaltungs- und Kontrollkosten verursacht. Wahrscheinlich werden diese dann dadurch aufgebracht, daß die Investitionen für Baumaßnahmen zur Infrastruktur in den neuen Bundesländern gekürzt werden müssen. So stelle ich mir die Regulierung nicht vor.

In diesem Land kommt nichts mehr voran, weil sich die Bürokraten dauernd neue Spielregeln einfallen lassen, um denen, die noch etwas unternehmen wollen, die Lust zur Leistung zu nehmen und dafür dauernd neue Kontrollmechanismen einsetzen. Kein Wunder, daß wir die Stürmer künftig mit Green Cards aus dem Ausland holen, damit die Schiedsrichter zu Hause ausgelastet sind. Das ist wie bei einem Fußballspiel, welches angepfiffen wird und wo die Zuschauer mit Erstaunen feststellen, daß 22 Schiedsrichter einlaufen sowie ein Stürmer, der auch schon auf Schiedsrichter umschulen will. Doch dafür zahlt kein Zuschauer Eintritt!

Es ist höchste Zeit, daß der Bundeskanzler nicht nur von Regulierung und Entbürokratisierung spricht, sondern auch dann standhaft bleibt, wenn die Schiedsrichtervereinigung der Gewerkschaften – oft Arm in Arm mit den Arbeitgeberorganisationen – mal wieder lieber das Alte geschützt haben will, als Neues entstehen zu lassen. So kommt Innovation und Flexibilität in Deutschland nicht voran.

Erfolgsgeschichte im Südwesten

Hochdeutsch ist unwichtig

Baden-Württemberg braucht keine Werbekampagne

Wer nicht Englisch kann, kann sich nicht mit der Welt verständigen. Aber wer nicht Schwäbisch oder Alemannisch kann, spricht nicht dieselbe Sprache wie die wichtigsten Innovatoren der neuen Zeit.

Im neuen Jahrtausend werden nationale Grenzen immer unwichtiger, kann jeder über Internet und Satelliten in dieser Welt mit jedem kommunizieren. Kein Diktator kann außerhalb seiner Machtgrenzen unbemerkt Menschenrechte verletzen, ein Volk unterdrücken, weil die moderne Welt der Information und Kommunikation alles sichtbar macht. Neue Technologien werden es ermöglichen, Natur und Wirtschaft in Einklang zu bringen, Stoff- und Energiekreisläufe können geschlossen werden. Neue Erfindungen in der Gentechnik versprechen den Menschen ein längeres Leben bei guter Gesundheit. Gute Nachrichten, oder?

Aber spüren wir etwas von Aufbruchstimmung? In den Vereinigten Staaten ja und in Ostasien auch. Aber in Europa? Oder in Deutschland? Hier herrscht eher Herbststimmung. Viele werden jetzt notieren, über wie viele Probleme ich leichtfertig hinweggegangen bin. Risiken der Gentechnik und des Klonens etwa, die Gefahren, die durch das Internet gegeben sind bis zur Verbreitung von Kinderpornographie, Probleme für die deutsche Landwirtschaft, wenn Europa wirklich größer wird. Die hohen Steuern und die Lohnnebenkosten, die noch nicht bewältigte Arbeitslosigkeit, die hohe Verschuldung der öffentlichen Hände, das Ozonloch, die Überalterung der Bevölkerung.

Und schon sind wir wieder bei einer deutschen Lieblingsbeschäftigung. Die Bedenkenträger haben Konjunktur. Wettbewerb in Deutschland heißt nicht, Chancen aufzeigen, hoffnungsfroh und mutig in die Zukunft zu schreiten, sondern einen Wettbewerb zu veranstalten, wer die meisten Bedenken äußert, wer die Gefahren am deutlichsten beschreibt, wer am lautesten warnt. Haben wir Grund zu dieser düsteren Stimmung? Ich meine, nein. Grund zu Optimismus haben wir gerade auch in Baden-Württemberg.

Natürlich ist es schlimm, wenn der Zeitpunkt, zu dem der Bau des neuen Bahnhofs in Stuttgart beginnen soll, immer noch nicht feststeht. Natürlich erfordert die Konsolidierung der Finanzen die Verschiebung mancher Investitionsmaßnahme. Dennoch: Baden-Württemberg ist das Land mit der niedrigsten Arbeitslosigkeit, mit einer gesunden Wirtschaftsstruktur in einem freien Europa ohne Grenzen.

Baden-Württemberg, das ist eine Erfolgsgeschichte in der zweiten Hälfte des 20. Jahrhunderts, wirtschaftlich so stark, daß es nicht nur von anderen Bundesländern beneidet wird, sondern auch so stark, daß es im Länderfinanzausgleich mehr Geld zur Verfügung gestellt hat, als es insgesamt Schulden machen mußte.

Ein Land, das die höchsten Exportraten, die besten Hochschulen und Forschungseinrichtungen aufgebaut hat und dessen Denker und Tüftler die meisten Patente pro Jahr anmelden. Ein Land, in dem sich junge Unternehmer aufmachen, um Erfolg in der Welt der Globalisierung, des Internets, der Software-Entwicklung und der Wissensgesellschaft zu suchen. Die neuen Tüftler, Bastler und Denker der realen Welt des nächsten Jahrtausend und der virtuellen Welt des Internets sind schon auf dem Weg. Man muß nur die Websites der unzähligen Jungunternehmer im Internet anklicken. Diskutiert man mit diesen jungen Leuten und ihrer erfolgs- und arbeitsbegeisterten Crew, bleibt nichts übrig von den alten Auseinandersetzungen nach den Spielregeln von gestern. Nicht die 68er werden die Pioniere des 21. Jahrhunderts sein, sondern die 88er. Das alles sind Gründe für ein gesundes Selbstbewußtsein hier im Lande.

Manchmal meine ich, es ist mehr die Angst vor der Freiheit, die oft die politische Diskussion bestimmt, als der Mut zur Zukunft. Da ist die Freigabe der Energiemärkte, die Baden-Württemberg um Milliarden reicher macht – und doch redet man hauptsächlich über das Problem, wofür das Geld nun ausgegeben werden soll. Diese Frage ist Kernstück politischer Führung. Es muß nur das politische Programm umgesetzt werden, an dem ja eine exzellent besetzte Zukunftskommission jahrelang gearbeitet hat.

Investiert das Geld in die Schulen und Hochschulen, damit nicht nur die Kinder der Reichen mit den Werkzeugen der Zukunft, wie dem Computer, umgehen können und die anderen sich einen pro Klasse teilen müssen. Baut die Informatik und die Biotechnologie als die Schlüsseltechnologien des 21. Jahrhunderts so schnell aus hier im Land, daß die anderen nur nachrennen können.

Erzeugen wir die Aufbruchstimmung, die den mutigen Tüftlern und Unternehmern Rückenwind gibt. Und noch etwas: Das Image des Landes ist gut. Dazu bedarf es keiner teuren Werbung, dafür hat die Politik zu sorgen. Machen wir aus der Werbe- eine Führungs- und Innovationskampagne mit dem Anspruch: Hochdeutsch ist unwichtig. Wer nicht Englisch kann, kann sich nicht mit der Welt verständigen. Aber wer nicht Schwäbisch oder Alemannisch kann, spricht nicht dieselbe Sprache wie die wichtigsten Innovatoren der neuen Zeit.

Begrenztes Mitleid mit dem Musterländle

Überlegungen eines Wahlthüringers

Die Eigenschaft, gleichzeitig in der ganzen Welt unterwegs zu sein und trotzdem immer Heimweh zu haben, haben wir von unseren Vorfahren gelernt.

„'s isch nemme des", höre ich allzuoft von meinen Landsleuten, wenn ich sie bei einem gelegentlichen Besuch in der schwäbischen Heimat treffe.

Was hat sich verändert? Die Landschaft ist schön wie eh und je, und wenn man die zahlreichen Feiern und Feste, die schwäbischen Wirtschaften, die Musicals, die Kinos und viele andere Festlichkeiten besucht, hat man nicht den Eindruck, als ginge es schlechter im Ländle. „'s isch nemme des" scheint mehr Ausdruck einer Unruhe zu sein, die die Menschen aus ihrer selbstbewußten Gelassenheit reißt.

Da ist plötzlich Arbeitslosigkeit auch im deutschen Südwesten ein spürbares Problem; da kann man mit den schwäbischen Tugenden allein nicht sicherstellen, daß der Daimler halt in Sindelfingen und Untertürkheim produziert, sondern vielleicht bald auf der ganzen Welt. Da geben im Rahmen des Globalisierungs- und Konzentrationsprozesses viele gewachsene Mittelstandsbetriebe die Existenz auf und werden von großen Konzernen geschluckt. Da brechen trotz höchster Qualifikation unserer Meister und Facharbeiter Produktionsarbeitsplätze aus Wettbewerbsgründen weg, und die sogenannte Dienstleistungsgesellschaft hält Einzug.

Das Modell deutscher Möglichkeiten ist in seiner Rolle als Musterländle erschüttert. Nicht mehr die niedrigste Arbeitslosigkeit, nicht mehr die höchsten Wachstumsraten. Seit der deutschen Wiedervereinigung (Was die bloß koscht!) nicht mehr mitten in Europa, die Achsen verschieben sich, die Bedingungen ändern sich.

Aber hatten wir Schwaben in der Geschichte immer Anspruch auf solche ruhigen Zeiten? Es gab in der schwäbischen Geschichte wenige Jahrzehnte, die so viel Ruhe, Beschaulichkeit und Fortschritt zugleich boten wie die 70er und 80er Jahre. Vielleicht haben wir gerade in diesen Jahren ein bißchen unserer Beweglichkeit verloren. Dabei haben wir alle Fähigkeiten behalten, um uns erfolgreich in der sich rasch wandelnden globalen Welt zu behaupten. Allerdings dürfen wir dann nicht unseren hohen Lebensstandard erwarten und uns gleichzeitig bequem zurücklehnen.

Die Eigenschaft, gleichzeitig in der ganzen Welt unterwegs zu sein und trotzdem immer Heimweh zu haben, haben wir von unseren Vorfahren gelernt. Unsere Denker und Tüftler werden halt künftig ihre Ideen und Patente nicht zu sehr auf die traditionellen Produkte konzentrieren, sondern vielleicht auf neue Software und neue Kommunikations- und Informationstechnologien. Niemand hat so viele Hochschulen und Forschungsstätten wie Baden-Württemberg.

Natürlich können wir es uns nicht mehr leisten, zwanzig Jahre um einen kleinen Flughafen zu streiten und die württembergische und die badische Fahne hochzuhalten in einer Zeit, in der der Flughafen von Tokio von der Innenstadt weiter entfernt ist als Karlsruhe von Stuttgart. Und wenn die Welt größer wird und sich schneller bewegt, dürfen wir unserem Hang, alle kleinen Probleme wie große Probleme zu diskutieren und zu behandeln, nicht mehr nachgeben.

Ich füge als Wahlthüringer hinzu: Wenn ich sehe, wie so mancher Landsmann jammert, was man alles gleichzeitig bewältigen mußte oder noch soll, Messe, S-Bahn, Stuttgart 21, Rundfunkfusion, Energiefusion (von Bankenfusion rede ich lieber nimmer), während hier im thüringischen Jena innerhalb von vier Monaten jeder zweite Arbeitnehmer entlassen wurde und trotz positiver wirtschaftlicher Entwicklung noch jeder dritte offiziell oder inoffiziell arbeitslos ist und trotzdem bei vielen Begeisterung und Zukunftshoffnungen vorherrschen – dann hält sich mein Mitleid mit manchem schwäbischen Bruddler sehr in Grenzen.

Verschwendung durch Bilderbogen

Wie man sein Tafelsilber richtig anlegt

Spinner und Querköpfe waren bei uns schon immer willkommen – unsere Tradition ist Fortschritt.

Wer keine Kunden hat, kann auch keine Produkte verkaufen. Deshalb ist es eine der bedeutendsten Aufgaben jedes Unternehmens, mit Marketingmaßnahmen die Zielgruppen zu erreichen, denen man seine Produkte verkaufen will.

Schon länger hat die Politik das Marketing entdeckt, vor allem das sogenannte Standortmarketing. Alle Standorte der Welt preisen sich den großen und kleinen Unternehmern dieser Welt an, damit diese durch Investitionen Arbeitsplätze schaffen. Nun gibt es viele Standortfaktoren, die eine Region, eine Provinz oder ein Bundesland beeinflussen können: die Infrastruktur, Bildungs- und Forschungseinrichtungen, günstige Wohnungen und Bauplätze. Dazu kommen die natürlichen Standortfaktoren wie Landschaft, Klima und Freizeitwert.

Der Standortwettbewerb in den hochindustrialisierten Ländern hat sich immer mehr auf die Entwicklung von Clustern ausgerichtet. Cluster, das sind Standorte mit Universitäten, Forschungseinrichtungen, Technologietransfersystemen, Existenzgründungszentren, wo auch Risikokapital und Fördermittel für Jungunternehmen bereitgestellt werden. Ein Netz von solchen Zukunftsclustern entwickeln gegenwärtig alle Bundesländer und Provinzen in Europa. Besucht man in den USA das Silicon Valley, das ohne Stanford nicht denkbar wäre, oder die Wissenschaftsstadt Sukuba in Japan – das Standortmuster ist dasselbe.

Im Wettbewerb der Regierungen um die besten Investoren bedarf es der Präsentation und natürlich auch der Imagewerbung. Natürlich muß aber zuerst das Produkt stimmen. Wer keine vernünftigen Standorte anbieten kann, kann mit noch so viel Werbung die Schwachstellen seiner Infrastrukturpolitik nicht überdecken. Wenn aber – wie in der Bundesrepublik Deutschland – alte und neue Bundesländer viele vergleichbare qualitative Clusterstandorte anbieten können, dann kann eine intelligente Werbung durchaus Wettbewerbsvorteile bringen.

Deshalb ist es überlegenswert, ob Imagekampagnen für ein Bundesland das Standortmarketing unterstützen. Hier muß man aber schon aufpassen. Bei der Werbekampagne des Landes Nordrhein-Westfalen unter dem Titel „Ein starkes Stück Deutschland“ wurde ein gut aufgemachter Bilderbogen verbreitet, der mir aber nichts vermittelte, was ich als standortentscheidend empfand.

Und damit sind wir beim kritischen Punkt solcher Imagekampagnen. Sie werden sich gegenseitig aufheben, wenn alle Länder, Städte und Regionen sie machen. Und solche Kampagnen können nicht gleichzeitig alles. Eine Kampagne, die das Zusammengehörigkeitsgefühl eines Landes stärken soll, hat eine ganz andere Zielgruppe als

Standortwerbung. Und nach außen und innen zu werben mit dem Ziel, Tradition und Fortschritt zusammenzubringen – nach dem Prinzip, wenn Bayern mit Computern und Lederhose wirbt, dann wirbt Baden-Württemberg mit Technologie und Bollenhut –, das ist Geldverschwendung.

Und völlig wirkungslos wird eine Imagekampagne, bei der sich – wegen der Gefahr, daß die Regierung sich nur selber lobt – alle gegenseitig auf die Schulter klopfen und damit ein „Runder-Tisch-und-Kuschelimage“ erzeugen, das außenstehende Investoren nicht interessiert.

Deshalb ein Vorschlag: Überlaßt das bunte Bilderwerben den anderen Bundesländern. Baden-Württemberg ist das Land der Tüftler, Bastler und Patentinhaber, Ingenieure und Querköpfe. Wie wäre es mit einer Standort- und Imagekampagne, die in einer Serie immer einen großen Namen – wie Daimler, Bosch, Benz, Voith usw. – mit jungen baden-württembergischen Unternehmern vorstellt, nach dem Prinzip „Unsere Tradition ist Fortschritt"?

Und noch ein Rat: Die verrücktesten und vielleicht erfolgreichsten Jungunternehmer sollten im Internet beworben werden, und zwar mit Spielen und Geschichten, die Aufmerksamkeit erregen. Statt bunter Wohlfühlwerbung also international aggressives Standortmarketing mit modernsten Kommunikationsmethoden nach dem Motto: „Spinner und Querköpfe waren bei uns schon immer willkommen – unsere Tradition ist Fortschritt. Mut zur Zukunft und Risikobereitschaft.“ Dann ist das Tafelsilber richtig angelegt.

Die Zukunft Europas

Leben im Euroland

Ein Beratungsnetzwerk für den Mittelstand

Grund zur Sorge gibt der Wettbewerbsdruck, der zu immer größeren Einheiten und zu immer rascher wachsender Produktivität führen muß.

Ich vermute, daß einige Zeit nach der Einführung des EURO in der Wirtschaft ein gewaltiger Konzentrationsprozeß in Europa einsetzen wird, der jetzt erst teilweise begonnen hat. In den vergangenen Jahren schon haben die deutschen Unternehmen ihre Hausaufgaben gemacht, im Gegensatz zur Politik harte Kostensenkungen durchgesetzt und so beispielsweise in der Immobilienindustrie und auch in den Finanzdienstleistungen Wettbewerbsrückstände aufgeholt und nach schwachen Ergebnisjahren Rekordgewinne erzielt. Um die großen Unternehmen brauchen wir uns also keine Sorgen zu machen.

Grund zur Sorge gibt eher der in der neuen europäischen Dimension entstehende Wettbewerbsdruck, der zu immer größeren Einheiten und zu immer rascher wachsender Produktivität führen muß. Das kostet Arbeitsplätze und koppelt das Wachstum von Arbeit immer mehr von dem Wachstum der Volkswirtschaft ab. Die Suche nach neuen Beschäftigungsmöglichkeiten wird das zentrale Thema im nächsten Jahrhundert.

Welche Bedeutung haben die Regionen Europas in

diesem globalen Wettbewerb? Der Standortwettbewerb der Regionen in Europa wird härter. Wer bietet die qualifiziertesten Arbeitskräfte, die beste Infrastruktur, die besten Wissenschafts- und Forschungseinrichtungen, die beste Versorgung mit Risikokapital für Neugründer? Was kann die Politik tun? Die Großen helfen sich selbst oder zwingen durch ihre Investitionsangebote die Politik zum Handeln.

Aber der Mittelstand? Gewiß, als Zulieferer folgt er den Großen. Aber hat er als mittelständischer Maschinenbauer, als Softwarespezialist, als Servicebetrieb, als Dienstleister die Management- und Kapitalkraft, rasch ein europäisches Netz aufzubauen, ohne daß er Gefahr läuft, bei dem Tempo der Entwicklung nicht mitzukommen? Kennt er Kollegen oder Partner, die ihm durch strategische Allianzen, durch die Gründung von Gemeinschaftsunternehmen helfen, die europäische Dimension seines Geschäftes zu bewältigen? Gibt es Kooperationsbörsen, Sprachhilfen, Beratung bei Rechts- und Organisationsproblemen, bei Kapitalverbindungen bis hin zu gemeinsamen Firmen oder Produktionsverbünden?

Hier wäre eine politische Initiative der Regionen Europas hilfreich. In den 80er Jahren haben Baden-Württemberg in Deutschland, Rhône-Alpes in Frankreich, Katalonien in Spanien und die Lombardei in Italien als einige der stärksten Industrie- und Technologieregionen eine Zusammenarbeit unter dem Titel „Vier Motoren Europas“ gegründet. Ziel dieser Zusammenarbeit sollte es sein, in Europa nicht nur auf die Problemregionen und die Subventionswünsche aufmerksam zu machen, sondern darauf zu achten, daß die Zukunftstechnologien bei der Diskussion um den europäischen Ausgleich nicht zu kurz kommen.

Diese Idee müßte erneuert werden. Die „Vier Motoren Europas“, vielleicht ergänzt durch eine schon vorbereitete Zusammenarbeit mit weiteren Zielregionen, könnten die Verantwortlichen zu einem einheitlichen Informations- und Beratungsnetzwerk für Mittelständler aufbauen, um ihnen die Möglichkeit zu geben, gemeinsam ihre Produkte und Dienstleistungen in Europa herzustellen und zu vermarkten.

Kooperationsbörsen und Messen, wo sich die Mittelständler treffen, ein Netz von Beratungseinrichtungen, die die Regionen organisieren, um Sprachdienste, Rechtsberatung, Nutzflächen, Informationen über gemeinsame Finanzierungsmöglichkeiten auszutauschen, könnten helfen, daß Mittelständler im Verbund, ähnlich wie früher im deutschen Genossenschaftswesen, die Kraft erreichen, um sich neben den Großen und als Partner der Großen durchzusetzen.

Geschieht dies nicht, besteht die Gefahr, daß die Großen die Kleinen aufkaufen und unter dem Dach einer Firma die Organisation von solchen Netzwerken in die Hand nehmen. Wenn es eine moderne europäische Wirtschaftspolitik gibt, dann die, dem Mittelstand neue Chancen zu eröffnen.

Die Baustelle von Brüssel

Europa ist kein Schmelztiegel der Kulturen wie Amerika

Man kann ein Haus nicht dauernd erweitern und aufstocken, ohne daß irgendwann die Fundamente wackeln.

Die Architekten Europas merken, daß sie ihre Baupläne überarbeiten müssen. Das gibt es auch bei normalen Häusern – wenn sich während der langen Bauzeit die Anforderungen an die künftige Nutzung verändern. Wir brauchen für die neue Dimension der europäischen Gemeinschaft ein etwas anderes und größeres Haus. Und den Mut, es zu beschreiben.

Vor mehr als zehn Jahren sagte Helmut Kohl: „Wir müssen die europäische Integration zügig vorantreiben und die Erweiterung auch." Dieser Satz war geeignet, den Skeptikern das Wasser abzugraben. Aber er reicht nicht mehr aus. Das europäische Haus muß andere Konstruktionsmerkmale bekommen, wenn immer mehr Völker mit immer verschiedeneren Ansprüchen einziehen wollen. Man kann ein Haus nicht dauernd erweitern und aufstocken, ohne daß irgendwann die Fundamente wackeln.

Während Außenminister Fischer 1999 noch vorsichtig versuchte, eine neue Planungsdiskussion anzumahnen, hat der Kanzler die Baustelle über die Brücke des SPD-Leitantrags betreten – und, wie immer forsch, die Skizzen eines neuen, erweiterten Bauplans auf den Arbeitstisch der Architekten geknallt. Schröder hat aber zu sehr innenpolitisch gedacht und versucht, das deutsche föderative Modell auf Europa zu übertragen. Daß die EU wie ein Bundesstaat funktioniert, ist ausgeschlossen.

Sollen die europäischen Völker ihre Vertretung wirklich einem gemeinsamen Parlament überlassen, mit direkt oder indirekt gewählten Abgeordneten, die aus 28 Staaten kommen und 24 Sprachen sprechen? Läßt sich so eine europäische Regierung kontrollieren? Man stelle sich vor: Gerhard Schröder nimmt in diesem Parlament auf der Bundesratsbank Platz, neben den Ministerpräsidenten von Estland und Malta. Und führt am Rande der Sitzung mit Wolfgang Clement und Erwin Teufel, die gerade ohne Stimmrecht an der Sitzung des Ausschusses für Regional- und Agrarfragen teilgenommen haben, einen Plausch über die Lage in Deutschland ...

Jedes Konzept muß von der Realität ausgehen: Europa ist eine Föderation der europäischen Völker, aber es gibt kein europäisches Volk. Es mag eine europäische Verfassung geben, aber keinen europäischen Staat. Engländer und Franzosen treten doch nicht ihre Souveränität an einen Bundesstaat ab! Auch nicht die neuen, nach der kommunistischen Herrschaft wiedergeborenen Demokratien Osteuropas. Für Erfolg versprechende Lösungen bleibt der Rat, also die Versammlung der Staats- und Regierungschefs oder ihrer Minister, die entscheidende Instanz. Und das EU-Parlament sollte nicht zu sehr einem nationalen Parlament nachgebildet sein, sondern die großen Ziele Europas diskutieren.

Im Mittelpunkt der europäischen Konzeption muß stehen, daß die Europäer im globalen Konzert mit einer Stimme ihre Interessen vertreten. Schon deshalb ist der Gedanke aus Schröders Europa-Papier, die Regional- und Agrarpolitik auf eine nationale und regionale Ebene zurückzuschrauben und dafür die Außen- und Verteidigungspolitik in den Mittelpunkt zu stellen, gar nicht so falsch. Die Verbraucherschutzdebatte zeigt: Anders als die großen Wirtschaftsbereiche, in denen die Globalisierung voranschreitet, wird die Landwirtschaft immer weniger Produktionsaufgaben wahrnehmen, dafür immer mehr Umwelt- und Kulturaufgaben.

Bisher definierte sich Europa vor allem über den Binnenmarkt. Doch in zehn bis zwanzig Jahren wird die ganze Welt ein einziger Binnenmarkt sein. Zwar darf es kein Zurück geben: Für diejenigen, die sie wollen, muß es Platz für mehr Integration geben, und die Währungsunion wird in dieser Richtung starken Druck bewirken. Trotzdem wird die aus wirtschaftlichen Gründen geschaffene Einheit weniger wichtig sein als die Einheit, die aus dem politischen Willen der Menschen kommt.

Das Europa der Zukunft ist kein Schmelztiegel der Kulturen wie die Vereinigten Staaten von Amerika. Es wird von der Vielfalt leben – und von den Spannungen, die daraus entstehen. Gemeinsame Interessen, aber nicht Einheitlichkeit werden es prägen.

Helmut Schmidt warnt zu Recht vor einer Diskussion über die Finalität Europas. Das europäische Haus ist eher wie eine Kathedrale – der man später noch ansieht, mit welchen verschiedenen Vorstellungen viele Generationen an der Baustelle gearbeitet und ihr gemeinsames Ziel in Stein gehauen haben.

Der europäische Traum

Eine Konfrontation von Macht und Geist wie so oft schon?

Vor allem für die Jugend ist es wichtig, dem amerikanischen Traum einen europäischen entgegensetzen zu können.

Wir brauchen eine Grundsatzdiskussion über die Zukunft Europas! Wenn die verantwortlichen Europapolitiker nicht erkennen, daß sich die Umstände, unter denen sich Europa entwickeln soll, geändert haben, sind wir drauf und dran, in eine europäische Sackgasse zu marschieren. Wenn man zum Beispiel erkannt hat, daß die Globalisierung der Wirtschaft weder nationale Grenzen noch Vorstellungen kennt, muß man akzeptieren, daß dies auch für europäische Grenzen gilt. Dann könnte man auch die Osterweiterung der EU ganz anders diskutieren als bisher.

Mit dem Abbau der ökonomischen Grenzen nach Mittel- und Osteuropa kommen wir sehr viel schneller voran als bei der Lösung der politischen Probleme. Noch bevor die Green-Card-Diskussion so richtig begonnen hatte, waren die jungen Internet-Unternehmer in Deutschland bereits dabei, sich überall online angeschlossene Filialen zur Softwareentwicklung in Prag, Bukarest, Zagreb und Minsk aufzubauen. Die Wirtschaftsverflechtung ist in vollem Gang und sollte durch den raschen Abbau bürokratischer Hemmnisse beschleunigt werden. Das führt erstens zu mehr Dynamik für die europäische Wirtschaft und zweitens zu einer positiveren Einstellung gegenüber dem europäischen Einigungsprozeß.

Wenn man aber den wirtschaftlichen Einigungsprozeß vom politischen gedanklich trennt, wird klar, daß die Fortsetzung des bisherigen Einigungsprozesses eine Fassade ist, dahinter liegen gravierende Probleme.

Die Vereinigten Staaten von Europa, in denen die Nationalstaaten in einem föderativen System ungefähr die Rolle der deutschen Bundesländer übernehmen, sind möglich. Allerdings nur in einem Gebilde von vielleicht sechs bis zwölf Staaten, die sich wirtschafts-, sozial- und innenpolitisch zügig angleichen können. Für ein Europa, das um die Staaten Mittel- und Osteuropa erweitert wird, ist eine solche Lösung schon nicht mehr denkbar.

Schon deshalb muß der Gedanke eines freiwilligen Kerneuropas entstehen, das aber, weil eben im Kern Europas gelegen, als ein Konzept der ursprünglichen Gründerstaaten verfolgt werden sollte. Nach der Öffnung Osteuropas muß der europäische Staatenbund neu konzipiert werden. Die Landwirtschaftspolitik muß der nationalen Ebene, die Regionalpolitik der regionalen Ebene zurückgegeben werden. Eine gewaltige Entbürokratisierung Europas wäre die Folge.

Natürlich müssen auch die Aufgaben von Kommission und Parlament in einem solchen Staatenbund neu definiert werden. Kommt dann noch die Idee eines Kerneuropas hinzu mit dem Ziel, einen Bundesstaat aufzubauen, stehen dem Vereinigten Europa der Zukunft alle Wege offen.

Der Fall der Mauer läßt es zu, das neue Europa als kulturelle Einheit mit gleichen Werten zu begreifen. Das könnte vor allem in der jungen Generation eine begeisterte Zukunftsdiskussion auslösen. Vor allem für die Jugend ist es wichtig, dem amerikanischen Traum einen europäischen Traum entgegensetzen zu können.

Dieser Traum kann mit eigenen Idealen formuliert werden und neben dem ökonomischen Wettbewerb auch noch einen wirklichen Wettbewerb um Freiheit, Gerechtigkeit und Humanität entfachen. Das Europa des Binnenmarktes und der Institutionen reißt niemanden vom Hocker.

Die Europäische Idee hat nicht zuletzt deshalb an Faszination verloren, weil nicht mehr die Idealisten, sondern die Bürokraten, Pragmatiker und Interessenvertreter mit ihren Drohgebärden das Wort haben.

Monnet und Delors waren am Ende skeptisch

Schon vor mehr als zehn Jahren habe ich an den Spruch von Jean Monnet erinnert:

„Sollte ich noch einmal von vorne beginnen, ich würde bei der Kultur anfangen.“ Als man am 8. November 1988 in Brüssel, Paris, Bonn und anderen europäischen Hauptstädten seines hundertsten Geburtstages gedachte, mag auch manchem anderen dieses unvermutete Bekenntnis des Wegbereiters und Ehrenbürgers Europas in den Sinn gekommen sein.

Am Ende seines Lebens schien gerade der Pragmatiker

Monnet, der sich so meisterhaft auf die Koordinierung unterschiedlicher nationaler Interessenlagen mit übergeordneten europäischen Zielsetzungen verstanden hatte, von immer größeren Zweifeln geplagt zu sein, ob der funktional-rationale Ansatz der Gemeinschaft ausreiche, die Einigungsidee in den Köpfen und in den Herzen der Europäer zu verankern. Jahrzehnte später brachte Jacques Delors, auch er durchaus kein Gegner von nüchterner *planification*, dieselbe Skepsis mit der ironischen Frage: „Wer verliebt sich schon in einen Binnenmarkt?“ auf den emotionalen, nicht-ökonomischen Punkt.

Je eifriger am juristischen Normengeflecht gebastelt wird, je mehr wirtschaftliche und soziale Statusinteressen in den Vordergrund der Diskussionen treten, um so kritischer scheinen nachdenkliche Europäer das Fehlen einer ideellen und kulturellen europapolitischen Perspektive zu vermerken. Der europäische Wirtschaftsraum der Zukunft ist im großen und ganzen vermessen; der europäische Kulturraum aber bleibt einstweilen ein unscharfes, prägnanter Symbole und positiver Leitbilder entbehrendes Gebilde.

Doch woher sollen die politischen und geistigen Antriebskräfte zur Überwindung nationalstaatlichen Denkens und zur Bildung einer Europäischen Union eigentlich kommen, wenn nicht aus einem wachen, bürgerschaftlichen europäischen Zusammengehörigkeitsgefühl? Ist eine Integration auf der Grundlage bloßen Zweckmäßigkeitsdenkens, nur aus merkantilem Kalkül heraus und ohne ein Mindestmaß an verbindendem „Kulturkitt“, überhaupt denkbar?

Wer in Europa mehr sieht als einen wohlfahrtssteigernden Zweckverband, wird diese Frage glatt verneinen müssen. Europäisches Identitäts- und Einheitsbewußtsein, so es ein solches gibt, beruht so gut wie ausschließlich auf kulturellen Traditionen. Geografisch ist die Umgrenzung schon wegen des eurasischen Doppelcharakters Rußlands schwierig, und politisch hat sich die staatliche, ab dem 18. Jahrhundert insbesondere die nationalstaatliche Zerklüftung des Kontinents viel zu tief ins Bewußtsein der Völker eingegraben, um allein durch die Proklamation einer Idee ausgelöscht werden zu können.

Das letzte politische Universalgebilde Europas, das Frankenreich Karls des Großen – den man deshalb schon zu seinen Lebzeiten „Vater Europas“ oder „Haupt Europas“ nannte –, liegt mehr als elf Jahrhunderte zurück; seine Teilung im Jahre 843 markierte zugleich den Beginn des staatlichen Zellbildungsprozesses in Europa. Das Kulturelle aber war, soweit wir es geschichtlich zurückverfolgen können, stets etwas, das im „Dialog“ der Völker untereinander oder mit ihrer Geschichte entstanden ist und sich im Lauf der Jahrhunderte zu einem festen europäischen „Menschheitswissen“ (Karl Deutsch) verdichtet hat.

Das hat, worauf noch einzugehen sein wird, nichts mit einem kulturellen Gleichklang in Europa zu tun; den gab es nie, wird es nie geben. Eher das Gegenteil ist richtig: die fortwährende Abfolge von These und Gegenthese, von Strömung und Gegenströmung. Aber dies alles, so widersprüchlich es im einzelnen auch sein mochte, vollzog sich nicht in den Grenzen eines Staates oder eines

Reichs, sondern in einem ideengeschichtlichen Kreis, den man deshalb zu Recht als den „europäischen Kulturkreis“ bezeichnet hat.

Europa definiert sich bis heute am ursprünglichsten aus seiner Kultur, mit den drei großen Wurzeln der griechischen, der christlich-jüdischen und der römischen Tradition. Deshalb war die politische Einigungsidee, deren Anfänge fast siebenhundert Jahre zurückreichen, bis in die Mitte unseres Jahrhunderts immer wie selbstverständlich mit der Wahrung, wenn nicht gar Verteidigung kultureller europäischer Belange verknüpft.

Um 1305 verfaßte Pierre Dubois, Königlicher Amtsanwalt und Vertreter des Bezirks Coutances (Normandie) in der ersten französischen Nationalversammlung, ein Traktat, wie mit Hilfe eines europäischen Staatenbundes auch die Einheit der Christenheit wiederhergestellt werden könnte. Freilich sprach Dubois nicht von „Europa“, obwohl sein Plan die großen europäischen Nationen einschließlich Englands umfaßte, sondern vom christlichen Abendland.

Der Begriff Europa, im 8. und 9. Jahrhundert durchaus geläufig und mit dem abendländischen Christentum gleichgesetzt, verschwand anschließend für lange Zeit und wurde erst Anfang des 15. Jahrhunderts von Enea Silvio, dem späteren Papst Pius II., wieder eingeführt. Enea schrieb eine Kosmographie über „Asien“ und eben auch über „Europa“, wobei er die ausschließliche Identität von Christentum und Abendland vorsichtig auflöste und auch weltliche, kulturelle und wirtschaftliche Eigenheiten zur Charakterisierung des europäischen Raumes heranzog.

Daß der erste Schritt zur Säkularisierung des europäischen Bewußtseins ausgerechnet durch einen nachmaligen Papst erfolgte, gehört zu den subtilen Ironien der europäischen Geistesgeschichte; nicht weniger aber auch die Tatsache, daß der härteste politische Widersacher Pius' II., der böhmische König Georg von Poděbrad, mit einem eigenen, zur Abwehr der Türken gedachten europäischen Bundesstaatsmodell gleichfalls in die Geschichte der europapolitischen Vordenker eingegangen ist.

Kulturell-religiöse Motive bestimmten den überzeugten Quäker William Penn, Gründer des nordamerikanischen Staates Pennsylvania, 1692 einen „Essay über den gegenwärtigen und künftigen Frieden von Europa" vorzulegen, in dem Europas Staaten die Errichtung eines gemeinsamen „Bundesparlaments" und eines Obersten Gerichtshofs anempfohlen wurde. Gut zwanzig Jahre später, während der Utrechter Friedensverhandlungen, veröffentlichte der Pariser Abbé de Saint-Pierre sein „Projekt pour rendre la paix perpétuelle en Europe", das einen Europäischen Völkerbund mit einem exekutiv und legislativ bevollmächtigten „Europäischen Senat" vorsah.

Von Kant bis Saint-Simon

Am Ende des – humanistischen und völkerverbindenden Ideen sehr zugänglichen – 18. Jahrhunderts hob dann Immanuel Kant in seiner Schrift „Zum ewigen Frieden" das Ideengut der Aufklärung auf die Ebene staatlichen

Zusammenlebens und entwarf das Konzept einer europäischen Föderation republikanisch verfaßter Staaten. Von einem mehr sozialreformerischen Ansatz ausgehend, entwickelte Graf Claude Henri de Saint-Simon 1814 die Idee eines europäischen Zentralparlaments mit einem Zweikammersystem, „welches über allen nationalen Regierungen stünde und die Macht hätte, in ihren Streitigkeiten Richter zu sein".

Auf diesen politisch-kulturellen Grundlagen, die eine europäische Friedensordnung entweder vom religiösen Ausgangspunkt eines gemeinsamen Glaubens oder von der philosophischen Maxime einer übergeordneten Vernunft her anstrebten, fußten auch die zahlreichen Einigungsbemühungen des 20. Jahrhunderts, bis hin zum Haager Kongreß von 1948, der sich für ein „Europäisches Kulturzentrum" zur Heranbildung eines gemeinsamen europäischen Bewußtseins aussprach.

Erst wenn man sich die lange Genesis europäischer Visionen vor Augen hält, läßt sich die geschichtliche Verkürzung ermessen, die in der Beschränkung der Römischen Verträge auf wirtschaftliche Ziele und Maßnahmen liegt. Indem die kulturelle Dimension Europas ausgespart wurde, fehlte der Gemeinschaft von vornherein die Möglichkeit, aus den am weitesten zurückreichenden Wurzeln europäischer Identität Kraft zu schöpfen. Die EU ist strukturell visionsunfähig, weil ihr die ideellen Triebkräfte, aus denen sich Visionen nähren könnten, vertraglich entzogen wurden.

Natürlich geschah das nicht ohne Grund und Hintersinn, denn Kulturpolitik ist ein Kernbereich staatlichen Selbstverständnisses. Zumal in einem Bundesstaat wie Deutschland ist die „Kulturhoheit" der Länder ein konstitutives Element seiner Staatlichkeit. Jede Einschränkung kultureller Eigenständigkeit berührt den Staat als Ganzes. Dies eben wollten die Gründungsväter der Wirtschaftsgemeinschaft nicht. Und genausowenig wollten sie – was politisch und kulturell sehr begrüßenswert ist – eine zentrale Kulturbürokratie aufkommen lassen, unter deren nivellierender Heckenschere gerade das Unverwechselbare des europäischen Kulturgeschehens, Vielfalt und Vielgestaltigkeit, Schaden genommen hätte.

Aber die kulturelle Enthaltsamkeit der Gemeinschaft ließ sich auf Dauer nicht durchhalten. Drei Einfallstore für kulturpolitische Aktivitäten enthalten die Verträge, und jedes hat die Kommission zielstrebig besetzt:

– *Erstens* sind auch kulturelle Werke – Bücher, Bilder, Filme – „Waren", die beim grenzüberschreitenden Handel den EU-Normen unterliegen, und wissenschaftliche oder künstlerische Tätigkeiten fallen als Dienstleistungen unter die entsprechenden Regelungen. Ein freier Güterverkehr im kulturellen Sektor erfordert, nicht anders als bei wirtschaftlichen Produkten, die Mindest-Harmonisierung von Steuersätzen und die Beseitigung von Hindernissen, die an den Grenzen zum Beispiel in Form von Kautionsforderungen entstehen, wenn bildende Künstler ihre Werke im Ausland ausstellen wollen. Ebenso gilt das Gebot der Niederlassungsfreiheit auch für Künstler, womit besonders Fragen der sozialen Sicherheit akut werden. Die Trennungslinie zur aktiven Kulturförderung läßt sich in diesen Fällen kaum noch eindeutig bestimmen.

– *Zweitens* sind der Gemeinschaft im beruflichen Bildungsbereich einige Kompetenzen eingeräumt, die sie auf immer größere bildungspolitische Felder ausgedehnt hat. Heute gibt es eine eigene Generaldirektion für Bildung, einen europäischen Bildungsministerrat, seit 1982 auch einen Kulturministerrat, studentische Austauschprogramme, ein Europäisches Zentrum zur Förderung der Berufsausbildung in Berlin, eine Europäische Wissenschaftsstiftung, das Europäische Hochschulinstitut in Florenz und etliche Entschließungen zur schulischen Förderung des europäischen Bewußtseins.

– *Drittens* schließlich haben sich die europäischen Regierungen selbst mit der finalen Zielsetzung „Politische Union" in Zugzwang gebracht, auch kulturelle Gemeinsamkeiten integrationspolitisch zu nutzen, wobei dem „Motor" Kommission automatisch eine Führungsrolle zufällt. Allerdings erfolgte die kulturpolitische Öffnung zunächst zaghaft und gleichsam unter einer Tarnkappe: Man ließ sich 1973 einen „Bericht über die europäische Identität" vorlegen und beauftragte anschließend den belgischen Premierminister Leo Tindemans, in einer Ausarbeitung die Worthülse „Europäische Union" mit Inhalten auszufüllen. Tindemans empfahl, einem „Europa der Bürger" besondere Beachtung zu schenken, dem er zwei Leitfunktionen zudachte: den gleichmäßigen Schutz grundlegender Rechte in allen Ländern der Gemeinschaft und die „Konkretisierung der europäischen Solidarität" durch eine stärkere Verflechtung im Kultur- und Bildungsbereich.

Das „Europa der Bürger" hat seither zwar eine gewisse Karriere als griffiges Schlagwort machen können, inhaltlich aber ist es diffus geblieben. Daran änderte auch der sogenannte „Adonnino-Ausschuß" nichts, der sich dieses Themas 1984 erneut annahm und den Staats- und Regierungschefs ein Jahr später ein Sammelsurium von Maßnahmen vorschlug, die indessen meist an der Oberfläche europäischer Symbolik blieben. Der Grund dafür ist der unausgesprochene Dissens zwischen dem, was die Gemeinschaft will, und dem, was sie darf. Sie will, erklärtermaßen, die Bürger selbst und insbesondere die Jugend in den Integrationsprozeß mit einbeziehen, sie zu aktiven Mitgestaltern des Einigungswerks machen.

Was immer in dieser Hinsicht rechtlich möglich ist, geschieht oder ist bereits geschehen, durch Umsetzung der „Vier großen Freiheiten" und durch Teilnahme an den europäischen Direktwahlen. Indessen haben diese Elemente kein europaweites Feuer der Begeisterung auslösen können, einerseits wegen ihrer vorwiegend ökonomischen Ausrichtung auf den Binnenmarkt, andererseits wegen der politischen Zweitklassigkeit eines Wahlrechts, das keine vollwertigen parlamentarischen Befugnisse zur Folge hat. Was aber eigentlich nötig wäre, um den Bürgern den geschichtlich und kulturell neuen Gehalt eines zueinanderfindenden Europas nahezubringen, hat im geltenden Vertragswerk keine Stütze und muß deshalb mehr oder weniger in „Mogelpackungen" versteckt werden.

Kulturelle Normierungstendenzen

Dieses Dilemma bekommt, wie sich denken läßt, der Kulturarbeit der Kommission nicht gut. Es degradiert Kulturförderung, auch wo sie im europäischen Interesse sinnvoll wäre, zu einer abgeleiteten Größe und verfremdet damit den genuinen Charakter kulturellen Schaffens. Entweder muß die Kommission, will sie sich einer kulturellen Materie annehmen, diese als Sonderzweig wirtschaftlicher Betätigung deklarieren, was der kultur-spezifischen Eigenart des Sujets selten gerecht wird; oder aber ist sie gezwungen, Anleihen bei Institutionen zu machen, die über mehr Kompetenz verfügen als sie selbst.

Fatal ist beides. Die wirtschaftliche Betrachtungsweise führt zu Normierungstendenzen, die der kulturellen Entfaltungsfreiheit Fesseln anlegen. Ein prägnantes Beispiel dafür ist der umstrittene Entwurf einer „Richtlinie über die Ausübung der Fernsehtätigkeit", die es allen Fernsehanstalten im EU-Raum zur Auflage macht, ihre Sendezeit mehrheitlich europäischen Produzenten vorzubehalten und darüber hinaus noch einen „angemessenen Anteil" für Werke fordert, die nicht älter als fünf Jahre sind.

Der kulturelle Protektionismus, der hier sichtbar wird, gleicht wirtschaftlichen Einfuhrbeschränkungen aufs Haar. Dabei kann es an der Notwendigkeit, die Konkurrenzfähigkeit europäischer Film- und Fernseherzeugnisse gegenüber amerikanischer Massenware zu stärken, überhaupt keinen Zweifel geben. Die Methode jedoch, dies durch kulturelle Abschottung erreichen zu wollen, stellt einen eklatanten Eingriff in die Rundfunkfreiheit der Länder und einen Verstoß gegen Grundbedingungen des offenen kulturellen Zusammenlebens dar.

In gleicher Weise versuchte die Kommission jahrelang,

die Filmförderung der Mitgliedsstaaten zu harmonisieren, um „ungleichgewichtige“ Praktiken öffentlicher Unterstützung zu eliminieren. Als ob es sich um staatliche Beihilfen für die Produktion von Schrauben handelte, zeigte sich die Brüsseler Bürokratie völlig unsensibel für den kulturellen Eigenwert nationalen Filmschaffens.

Selbst die Literatur ist vor wackerem Wettbewerbsdenken von Eurokraten nicht sicher: Unter Hinweis auf Artikel 85 EWG-Vertrag meinte die Kommission 1985, den festen Ladenpreis für Bücher untersagen zu müssen, da er mit den Grundsätzen eines freien Wettbewerbs nicht zu vereinbaren sei. Daß eben dieser gebundene Verkaufspreis eine der maßgeblichen Grundlagen für die Erhaltung eines differenzierten literarischen Kulturgut-Angebots sein könnte, kam den Hütern der reinen Wirtschaftslehre nicht in den Sinn. In beiden Fällen bedurfte es einstimmiger, ablehnender Resolutionen des Europäischen Parlaments, um Brüssels „Kultureifer“ zu stoppen, was, wie wir wissen, nur vorübergehend gelang.

Vor dem Hintergrund solcher Erfahrungen ist es nicht verwunderlich, daß viele, die auf kulturellem Gebiet tätig sind, den kulturpolitischen Ambitionen Brüssels mit großem Mißtrauen begegnen. Wie sich aber aus der „Mitteilung der Kommission über neue Impulse für die Aktion der Europäischen Gemeinschaft im kulturellen Bereich“ vom Dezember 1987 ablesen läßt, wächst der kulturpolitische Aktionsdrang des mächtigsten Verwaltungsorgans der EU unaufhaltsam. Die Vorlage umreißt ein fünfjähriges Rahmenprogramm, das der Schaffung eines „europäischen Kulturraums“ dienen, die europäische audio-visuelle Industrie fördern, zur Erhaltung des kulturellen Erbes beitragen und den „kulturellen Dialog“ vertiefen soll.

Manches in diesem Programm ist durchaus bedenkenswert. Die Diktion jedoch, mit der die kulturpolitische Offensive begründet wird, macht schaudern: Da ist von „Anpassung der Kulturindustrie und der Kulturschaffenden an die Erfordernisse der Schaffung eines Binnenmarktes unter Berücksichtigung der technologischen Veränderungen“ die Rede; dies sei, so die Kommission, einer von vier „vorrangigen Bereichen“, auf die sich die Gemeinschaft konzentrieren müsse. „Anpassen“ sollen sich aber auch die Europäer insgesamt, etwa „an die neuen Ausdrucksmittel, insbesondere im audio-visuellen Bereich“. Immerhin wird uns noch zugestanden, dies „unter Wahrung (des) kulturellen Eigencharakters“ tun zu dürfen.

Auch die Ratio der geforderten kulturellen Anpassungsmanöver wird nicht verschwiegen: „Das Gefühl der Zugehörigkeit zu einer europäischen Kultur ist eine der Voraussetzungen für die Solidarität, ohne die sich die Schaffung des großräumigen Binnenmarktes, der die Lebensbedingungen der Europäer von Grund auf ändern wird, nicht auf die unerläßliche Unterstützung des europäischen Bürgers gründen würde.“ Im Klartext: Kultur als Ferment eines reibungslosen ökonomischen Zusammenspiels.

Man täte der Kommission gewiß unrecht, wenn man ihr pauschal die Absicht unterstellte, dem europäischen Bürger einen uniformen kulturellen Bürstenhaarschnitt verordnen zu wollen. Ungeschickte Formulierungen sind eine Sache, die dahinterstehenden Beweggründe eine andere. Auch spiegelt sich in der krampfhaften Bezugnahme auf den Gemeinsamen Markt die Not, auf diese Weise den Anschein legaler Kompetenzausübung erwecken zu müssen.

Doch das kulturelle Feld ist eben kein Terrain wie jedes andere; hier haben Worte und Begriffe besonderes Gewicht. Schon der Verdacht nivellierender Eingriffsversuche kann zu tiefgreifenden Störungen jener Freiräume führen, deren Kunst und Kultur lebensnotwendig bedürfen. Und die, wenn auch formale, Anbindung ans Marktgeschehen unterwirft jede Kulturförderung einer außerhalb ihrer selbst liegenden Zweckbestimmung.

Unter der Vermischung von kulturellem Wollen und wirtschaftlichem Dürfen leiden letztlich auch jene Maßnahmen, deren ausschließlicher Förderungscharakter unbestritten ist: die „Europäischen Jahre“ der Musik, des Films und der Denkmalpflege, das Europäische Jugendsinfonieorchester, Sportveranstaltungen für „Gemeinschaftsmannschaften“, Jugendaustauschprogramme, Sprach- und Kulturreisen. Im übrigen sind diese Aktionen keine Erfindung der EU, sondern sie beruhen fast durchweg auf früheren Vorschlägen des Europarates.

Die Straßburger Institution nämlich besitzt kulturpolitisch ein ungleich höheres Renommee als die Gemeinschaft. Schon 1954 verabschiedete sie eine Kulturkonvention, auf deren Grundlage alle westeuropäischen Länder zusammenwirken. Damit erweist sich der Europarat als der eigentliche gemeinsame Repräsentant europäischer

Kulturlandschaften. Sprachlich oder geschichtlich eng verbundene Räume wie Deutschland, Österreich, Liechtenstein und die Schweiz oder Dänemark, Norwegen und Schweden können in diesem Rahmen kulturell zusammenwirken und werden nicht durch die Grenze zweier Wirtschaftsblöcke getrennt. Zudem erfährt mit dem Beitritt Polens und Ungarns zum Kulturabkommen der historische Prozeß der Wiederannäherung von West- und Mitteleuropa, aufbauend auf dem „Korb III" der KSZE-Schlußakte, eine weitere bedeutsame Verstärkung.

Die „Geschäftsgrundlage" der dem Europarat angehörenden Staaten, freiwillig und in autonomer Selbstverantwortung zusammenzuarbeiten, ist dem Kultursektor weitaus angemessener als die rigide, das Schwert exekutiver Vollmachten in der Hinterhand haltende Verfahrensweise Brüssels. In Straßburg kann man kulturpolitisch *à la carte* speisen, in der belgischen Hauptstadt muß man auf der Hut sein, nicht gegen seinen Willen Eintopf vorgesetzt zu bekommen.

Zum Vertrauensvorsprung, den der Europarat in Kulturfragen genießt, trägt schließlich auch sein jahrzehntelanger Einsatz für die bürgerlichen und sozialen Grundrechte bei. Die Menschenrechts-Charta, 1950 in Rom unterzeichnet, und die Sozialcharta, 1961 verabschiedet, geben sicherlich mehr ideelles und ethisches Gemeingut der europäischen Völker wieder als die Normen des EWG-Vertrags.

Fast alles, was in der Union bildungs- und kulturpolitisch bewegt worden ist, hat im Europarat Vorläufer: von der gegenseitigen Anerkennung der Hochschuldiplome bis zum Studenten- und Lehreraustausch, von der Sprach- bis zur Filmförderung. Und es ist, wie sich an der mit Brüssels Fernseh-Richtlinie konkurrierenden „Konvention über grenzüberschreitenden Rundfunk“ erneut gezeigt hat, meist geschmeidiger, liberaler, wertebewußter. Straßburg ist eine kulturpolitische Instanz, Brüssel ist es, im doppelten Kompetenzsinne, nicht. Auch der Europäische Rat, der sich zuweilen, wie in der Stuttgarter Erklärung von 1983, zu kulturellen Angelegenheiten äußert, versäumt nicht, der kulturellen Macht am Rhein stets seine Reverenz zu bezeugen.

Das Problem ist nur: Gerade das, was den Europarat in Kulturfragen so attraktiv erscheinen läßt – die Unverbindlichkeit seines Angebots, das Fehlen einer zentralen Bürokratie, der Mangel an politischen Pressionsmöglichkeiten –, macht auf der anderen Seite seine politische Ohnmacht aus. Die Fundamente des Straßburger Gebäudes sind viel zu schwach, um ein so gewaltiges Bauwerk wie die Europäische Union tragen zu können. Dazu bedarf es eines Apparats, der Mittel und der Durchsetzungsfähigkeit, wie sie der EU zur Verfügung stehen. Umgekehrt hindern das zentralistische Bürokratieverständnis und die Begrenzung ihres Einflusses auf einen vorwiegend wirtschaftlich definierten teileuropäischen Wirtschaftsraum die Union daran, die kulturellen Integrationskräfte Europas so zu stimulieren, wie es zur Vorbereitung einer politischen Vereinigung unbedingt erforderlich wäre.

Baut sich hier also wieder einmal, wie so oft in der europäischen Geschichte, eine Konfrontation von „Macht“

und „Geist“ auf? Muß entweder das kulturelle Europa, um seiner selbst willen, dem politischen fernbleiben oder das politische Europa, auch um seiner selbst willen, sich das kulturelle einverleiben? Oder aber: Entspringt der Glaube, der politischen Einheit müsse auch institutionell eine kulturelle Einheit zugeordnet werden, am Ende nur einer Mißdeutung dessen, was europäische Kultur war, ist, braucht und will?

Regionalismus nach der Osterweiterung

Es gibt in Europa doppelt so viele Sprachen wie Staaten

Die Homogenität der Lebensbedingungen im deutschen Bundesstaat ist größer als in den viel zentraler verwalteten Staaten Frankreich, Italien, Spanien und Großbritannien.

Vor zehn Jahren konnte man feststellen, daß der europäische Regionalismus seit den siebziger Jahren überall in der EU starken Auftrieb erhalten hat. Dafür gibt es eine Vielzahl von Ursachen. Generell läßt sich sagen, daß in dem Maße, in dem die Problemlösungskompetenz der Nationalstaaten geringer geworden ist, die politische und kulturelle Bedeutung der Regionen zugenommen hat. Welche Bedeutung werden sie nach der Osterweiterung haben? Bisher gibt es etwa 160 Regionen. Teilweise entwickelte sich in ihnen ein ausgeprägtes Identitätsbewußtsein, das an die Sprache (es gibt auf dem europäischen Kontinent doppelt so viele Sprachen wie Staaten) und an geschichtliche Traditionen früherer Selbständigkeit (wie im spanischen Katalonien oder im französischen Languedoc) anknüpfte. Welche Rolle spielt dieses Bewußtsein in Ostmitteleuropa?

Die regionalen Bewegungen, auch wenn sie sich mit der Zeit eine Reihe von Selbstverwaltungsbefugnissen erstreiten konnten, erlangten nirgendwo die staatliche

Autonomie deutscher Bundesländer – wenn man von Flandern und Wallonien einmal absieht. In Frankreich dauerte es fast zwanzig Jahre, ehe die Regionen durch die Wahlen vom März 1986 eine ungefähre Gleichstellung als Gebietskörperschaften mit den Kommunen und den Departements erringen konnten. General de Gaulle war 1969 an der Regionalreform gescheitert, Pompidou hatte sie 1972 in einem mehr planungsökonomischen Sinne nachgeholt, und erst Mitterrand konnte 1982 mit dem Dezentralisierungsgesetz die Grundlagen für eine gewisse Gewichtsverlagerung von der zentralen Exekutive auf regionale parlamentarische Gremien (die „conseils régionaux“) schaffen.

In Italien hat der Gedanke des Föderalismus zwar eine lange, schon auf die Staatsgründung von 1861 zurückgehende Tradition; aber erst die Verfassung von 1947 sah eine regionalisierte Territorialstruktur vor, die mit dem Finanzgesetz von 1970 abgeschlossen wurde. Umfangreiche zentralstaatliche Genehmigungsvorbehalte und geringe eigene Finanzmittel lassen die zwanzig italienischen Regionen gleichwohl mit den deutschen Ländern kaum vergleichbar erscheinen. Spanien hat nach Franco mit der Verfassung von 1978 die drei „historischen Nationalitäten“ (Katalonien, Galizien, Baskenland) und 14 weitere Provinzen in sogenannte Autonome Gemeinschaften gegliedert, die sich die legislativen und administrativen Aufgaben mit Madrid teilen.

In den achtziger Jahren nahm die Binnenregionalisierung des europäischen Kontinents dann auch mehr und mehr institutionellen Charakter an. Ausdruck dafür war zum einen die Gründung des Rats der Regionen Europas im Jahr 1985, der mittlerweile in „Versammlung der Regionen Europas“ umbenannt worden ist. Zum anderen wuchs die Zahl der Arbeitsgemeinschaften, in denen Regionen mit gleichgelagerten Interessen ihre Probleme gemeinsam anzupacken versuchen: Alpenländer und Küstenstriche, altindustrielle und High-tech-Zentren finden sich immer öfter zu grenzüberschreitenden Aktivitäten im wirtschaftlichen und wissenschaftlichen, kulturellen und infrastrukturellen Bereich zusammen.

Der Verbund ist meistens lose, auf konkrete Projekte zugeschnitten und von „variabler Geometrie“ gekennzeichnet. So pflegt Baden-Württemberg seit Jahren enge Beziehungen mit dem Elsaß und den Nordschweizer Kantonen, die zu bi- oder tri-regionalen Instituten (Deutsch-Französisches Institut für Automation und Robotik), wissenschaftlichen Service-Einrichtungen (Supercomputer-Zentrum in Freiburg), wirtschaftlichen Fortbildungsstätten (Trinationale Akademie für europäisches Management), gemeinsamen Studiengängen (Biotechnologie) und einer Fülle von grenzüberschreitenden Kongressen und Planungsgruppen geführt haben.

Neben diesen durch die geographische Nachbarschaft bedingten Kontakten bestehen aber auch noch regionale „Wahlverwandtschaften“ – in Westeuropa in Form eines Kooperationsbündnisses mit der französischen Region Rhône-Alpes, mit Katalonien und der Lombardei, in Übersee durch Partnerschaften mit einer kanadischen, einer japanischen und zwei chinesischen Provinzen. Natürlich spielen auf jeder Seite wirtschaftliche Motive eine besondere Rolle. Aber mehr und mehr zeichnen sich auch Umrisse einer interregionalen politischen Kohärenz ab, etwa wenn die vier westeuropäischen Partnerregionen mit einer konzentrierten Aktion bei den nationalen Postverwaltungen auf die glasfasergestützte Verbindung ihrer wissenschaftlichen Zentren dringen oder für bestimmte Angelegenheiten und Außenbeziehungen eine „federführende", die anderen mitvertretende Region benennen.

Die Klammer für diese Art regionalpolitischer Zellbildung in Europa ist nicht mehr allein ein ungefährer Gleichstand der ökonomischen und technischen Ausstattung, sondern die Erkenntnis, sich als Region im europäischen Lebensraum nur durch neue, über das Nationale hinausreichende Interdependenzen behaupten zu können. Es fällt den Regionen, die alle im Lauf ihrer Geschichte die staatliche oder staatsähnliche Souveränität eingebüßt haben, wahrscheinlich leichter als den Nationalstaaten, sich zur wechselseitigen Abhängigkeit als Folge des voranschreitenden Globalisierungsprozesses zu bekennen.

Lange Zeit hat die EU die regionale Ebene der Gemeinschaft als bloßes Vollzugsobjekt ihrer Beschlüsse betrachtet. Zentralistisches Kommissionsverständnis und nationalstaatliches Hoheitsdenken trafen in diesem Punkt deckungsgleich zusammen. Ein Beispiel dafür ist die regelmäßige Übertragung der Durchführung von Ministerratsentscheidungen auf die Kommission gemäß Artikel 145 EWG-Vertrag. Die nationalen Regierungen haben dieser Vorschrift zugestimmt, obwohl die innerstaatlichen Verwaltungszuständigkeiten zum großen Teil – in Deutschland fast ausschließlich – bei den Ländern, Provinzen oder Regionen liegen. Angesichts des nicht gerade schwach ausgeprägten Kompetenzbewußtseins in Brüssel wurde damit die Saat permanenter Zwietracht zwischen gewachsenen exekutiven Regionalstrukturen und eurozentrischem Dirigismus gesät (ein Schelm, wer den Regierungen dabei Disziplinierungsabsichten durch die Hintertür unterstellt!). Ausgerechnet der Europäische Gerichtshof mußte den Rat daran erinnern, daß es zu seinen Aufgaben gehöre, die wesentlichen Grundzüge der zu regelnden Materie selbst festzulegen.

Inzwischen sind die Regionen jedoch stärker ins Blickfeld der Brüsseler Bürokratie geraten, und das nicht nur unter dem Gesichtspunkt einer mit Eifer betriebenen Angleichung wirtschaftlicher Lebensverhältnisse. Die gerade im letzten Viertel des 20. Jahrhunderts deutlich gewordene Kraft zur politischen Selbstorganisation vieler Regionen hat ihren Eindruck im europäischen Olymp offenbar nicht verfehlt. So fand sich die Kommission im Juni 1988 bereit, einen Beirat regionaler und lokaler Gebietskörperschaften einzurichten und ihm die Möglichkeit zu geben, zu allen Fragen mit Regionalbezug Stellung zu nehmen. Die deutschen Bundesländer sind in diesem Gremium mit drei Sitzen vertreten.

Viel Beachtung fand auch, was Kommissionspräsident Jacques Delors bei seinem Treffen mit den deutschen Ministerpräsidenten seinerzeit zu Protokoll gab. Der Aufbau der Gemeinschaft, so Delors, werde sich künftig auf drei Ebenen – der gemeinschaftlichen, der nationalen und der regionalen – vollziehen, und jede Ebene werde, unter Beachtung des Subsidiaritätsprinzips, ihre jeweils eigenen Aufgaben zu erfüllen haben. Die Gemeinschaft habe „ein vitales Interesse am Fortbestand des deutschen föderativen Systems", toleriere eine eigenständige Regionalpolitik der Länder und beabsichtige keinen Eingriff in deren Kulturhoheit, falls sie konkrete Maßnahmen Brüssels ablehnen würden.

Vor diesem Hintergrund scheint es an der Zeit, daß die deutschen Gliedstaaten endgültig aus dem Schmollwinkel einer mehr als dreißigjährigen Integrationsabstinenz heraustreten und sich aktiv an der politischen Gestaltung der Gemeinschaft beteiligen. Man kann dem Bund nicht den beschleunigten Abbau zentral-staatlicher Befugnisse aufbürden, weil es die europäische Raison so gebietet und selbst um jedes Jota innerstaatlicher Kompetenzverteilung bis aufs Messer kämpfen.

Die großen föderalistischen Sünden liegen ohnehin hinter uns, seit sich die Länder um des Geldes willen mit „Finanzhilfen" und „Gemeinschaftsaufgaben" ein ums andere Mal autonome Regelungsmöglichkeiten haben abkaufen lassen. Das jetzige, in seiner exekutiven Verfilzung kaum noch durchschaubare Bund-Länder-Geflecht an zwei Fronten, gegen Bonn und gegen Brüssel, verteidigen zu wollen, brächte die Länder ins integrationspolitische Abseits und wäre den Bürgern kaum verständlich zu machen. Vor allem aber würde es die Position der Länder als europapolitische Ansprechpartner von Gewicht, zu deren Respektierung die Gemeinschaft offensichtlich bereit ist, entscheidend schwächen, wenn sich der deutsche Föderalismus kleinkariert-administrativ statt politisch-gestaltend verhalten würde.

Die Länder sollten daher der Bundesregierung anbieten, bei modellhaften Integrationsschritten, sei es im zwischenstaatlichen oder gemeinschaftlichen Bereich, konstruktiv mitzuwirken und ihre ökologische, infrastrukturelle, energie- und forschungspolitische Planungshoheit in einen supranationalen Koordinationsverbund mit einzubringen. Sie sollten zwar auf ihrer Kulturhoheit bestehen (zumal es insoweit einen breiten Konsens der europäischen Regionen gibt, über den sich selbst ein europäischer Bundesstaat nicht wird hinwegsetzen können), aber die Bereitschaft zur Anerkennung ausländischer Studienleistungen, zum Aufbau gemeinsamer Studiengänge und zur Beteiligung an europäischen Kultureinrichtungen deutlich ausweiten.

Sie sollten – und könnten – im Gegenzug die Anerkennung zweier Prinzipien fordern: daß es, je mehr die bisherige nationale durch eine europäische Wirtschafts- und Rechtseinheit abgelöst wird, auch einen entsprechend größeren Freiraum der Länder für interregionale europäische Kooperationen geben muß, so daß an die Stelle des – sowieso fiktiven – Kriteriums der im Bundesgebiet anzustrebenden einheitlichen Lebensverhältnisse das Entwicklungsziel wirtschaftlich, sozial und kulturell lebensfähiger Länder im europäischen Raum treten würde. Und daß, zweitens, der Rechts- und Verwaltungsvollzug europäischer Rechtsakte bis auf genau umgrenzte, „unabweisbare“ Ausnahmen bei den Ländern verbleibt, die Bundesregierung also im Ministerrat das Recht zur inhaltlichen Bestimmung der Durchführungsbefugnisse auf „länderfreundliche“ Weise in Anspruch nimmt. Dies wäre nicht nur ein angemessener Ausgleich für die von den Ländern eingeräumte Europäisierung ihrer Planungszuständigkeit, sondern zur funktionalen Umsetzung großräumiger Lösungen auch absolut sachgerecht.

Den Ländern würde es bei einem derartigen Verfahren der Bundesrepublik wesentlich erleichtert, Schrittmacherdienste auf dem Weg zur Gestaltung des zusammenhängenden europäischen Lebensraumes und zur Abwehr gemeinsamer Gefahren zu leisten. Sie gewännen damit aber zugleich ein beachtliches Stück eigener Gestaltungskraft zurück, die sie im innerstaatlichen Kompetenzgerangel der letzten vierzig Jahre sukzessive eingebüßt haben und im künftigen Wettbewerb europäischer Regionen und Standorte dringend benötigen werden.

Allein darin darf sich jedoch der politische und ideelle Beitrag des deutschen Föderalismus zur europäischen Jahrhundertreform keinesfalls erschöpfen. Die Länder müßten eigentlich aufgeschreckt sein von der Tatsache, daß seit bald zwanzig Jahren die Europäische Union als offizielles Endziel des gemeinschaftlichen Weges gilt, ohne daß die Regierungen bisher über die vertragliche oder verfassungsmäßige Struktur dieser Union auch nur ein Wort verloren hätten. Staatenbund? Bundesstaat? Unitarischer Zentralstaat? Ein regionalstaatliches Gebilde neuen Stils? Darauf blieben alle feierlichen Erklärungen von Paris (1972, 1974) bis Stuttgart (1983) und auch die Einheitliche Europäische Akte die Antwort schuldig. Wo aber ein Vakuum bei der programmatischen Formulierung von Zielvorstellungen herrscht, wird es am ehesten von jenen politischen Kräften ausgefüllt, die das tagespolitische Management betreiben und dank ihrer Sachkompetenz und thematischen Präsenz den Gang der Entwicklung am stärksten beeinflussen können. Das sind in der EU nicht die Regierungen und schon gar nicht die nationalen Parlamente, sondern das sind die Europaspezialisten im Berlaymont-Gebäude der belgischen Hauptstadt.

Deren Aktivitäten zur Vorbereitung des Binnenmarktes und zur europäischen Rechtsvereinheitlichung verstärken, solange politisch nicht gegengesteuert wird, zwangsläufig den Zentralismus in der Gemeinschaft. Nach 1992 könnte dieser Prozeß eine solche Eigendynamik annehmen, daß jede europäische Verfassungsdebatte, auch wenn sie nicht von einem unitarischen Modell ausgeht, aufgrund der bereits erfolgten zentralistischen Kompetenzverlagerungen mehr einheitsstaatliche Elemente vorfindet als dem föderativen Prinzip guttut.

Die Länder sollten deshalb den Bund nachhaltig bedrängen, auf europäischer Ebene eine Föderalismusdebatte anzustoßen, die in nicht allzu ferner Zukunft zu eindeutigen politischen Festlegungen geführt haben muß. Ausgangspunkt könnte dabei der Verfassungsentwurf des Europäischen Parlaments sein, der sich klar zu den föderativen Grundsätzen einer künftigen Europäischen Union bekennt. Im Sinne der zuvor beschriebenen „Flucht nach vorn“ sollte die Bundesregierung ihrerseits die Straßburger Völkervertreter ermuntern, im Rahmen einer neuen Verfassungsinitiative die bundesstaatlichen Komponenten zu präzisieren und hierüber in einen Dialog auch mit den Repräsentanten des deutschen Föderalismus, zuvörderst dem amtierenden Präsidenten des Bundesrats, zu treten.

Was prädestiniert gerade die deutschen Bundesländer, ihre staatliche Verfaßtheit den Nationen der Gemeinschaft als Beispiel für eine europäische Regelung zu empfehlen? Liegt darin, wieder einmal, unverbesserliche deutsche Hybris, oberlehrerhaftes Gebaren, soll Europa erneut an unserem Wesen genesen? Nein, auch der leiseste Anschein eines Rückfalls in alte Untugenden muß schon vermieden werden. Aber umgekehrt wäre es ebenfalls kein Ausweis politischer Reife und Tugend, sich in einer notwendigen und für unsere Zukunft existentiellen Auseinandersetzung der Argumente, die man hat, nicht zu bedienen.

Die Länder können darauf verweisen, daß es im föderativen System der Bundesrepublik gelungen ist, einstmals selbständige Flächen- und Stadtstaaten, deren Autonomie teilweise jahrhundertelang bestanden hat, in eine neue politische Ordnung zu integrieren, ohne daß regionalistische oder gar separatistische Bewegungen je das Staatsganze gefährdet hätten. Sie können ferner belegen, daß – bei allen durch den industriellen Strukturwandel hervorgerufenen Problemen – die Homogenität der Lebensbedingungen im deutschen Bundesstaat größer ist als in den viel zentraler verwalteten Staaten Frankreich, Italien, Spanien und Großbritannien. Dies resultiert eindeutig aus der politischen Pflicht zur Kooperation und Solidarität zwischen Bund und Ländern wie auch zwischen den Ländern untereinander, die ein verfassungsmäßiges Gebot und kein administratives „Geschenk“ darstellt. Nur der Föderalismus, wie ihn das Grundgesetz geprägt hat, kennt sowohl die politische Eigenverantwortlichkeit mehrerer staatlicher und kommunaler Ebenen als auch deren horizontale und vertikale Einbindung in eine gemeinschaftliche Verantwortung; er balanciert einzelstaatliche und gesamtstaatliche Interessen so aus, daß keine Seite ein bedrohliches Übergewicht erlangen kann.

Die Länder können ferner mit Fug und Recht behaupten, daß ihre Institution zur politischen Mitwirkung an bundesstaatlichen Angelegenheiten, der Bundesrat, sich als ein Gremium erwiesen hat, das gliedstaatliche Belange zu wahren versteht, ohne gesamtstaatlich notwendige Entwicklungen zu blockieren. Und sie können nachweisen, daß es dem Föderalismus bundesdeutscher Provenienz gelungen ist, regionale und landsmannschaftliche Identitäten zu bewahren und die kulturelle Vielfalt auszubauen, zugleich aber die wirtschaftlichen, wissenschaftlichen und technologischen Kapazitäten den internationalen Wettbewerbserfordernissen anzupassen.

Das alles sind Leistungen, die nicht selbstverständlich, für ein vereinigtes Europa aber unabdingbar notwendig sind, wenn Europa den Völkern als Fortschritt erscheinen soll. Mag sich die Epoche der Nationalstaaten auch unwiderruflich ihrem Ende zuneigen – was danach kommt, darf nicht minderer Qualität und weniger effizient sein. Pluralismus der Meinungen, Kreativität der Ideen, Farbigkeit der Kulturen, Eigenständigkeit gewachsener Strukturen, Selbstverwaltung und Selbstbestimmung – sie müssen sämtlich Platz und Rang haben im neuen Europa.

„Wäre es nicht möglich, wieder zu viel reicheren Formen des menschlichen Zusammenlebens auf regionaler und überregionaler Ebene zu gelangen, als dies im Zeitalter des Nationalstaats der Fall gewesen ist? Eine solche Entwicklung würde nicht einen Verlust an menschlicher Substanz bedeuten, der bei einer übermäßigen Zentralisierung, Bürokratisierung und Zusammenballung befürchtet werden muß, sondern geeignet sein, die menschlichen Beziehungen wieder vielfältiger, produktiver und humaner zu gestalten", schrieb der damalige EG-Kommissar Hans von der Groeben in seinem Buch „Trugbild Nationalstaat" schon 1967. Es ist möglich. Wir, die Bundesrepublik Deutschland und ihre Bundesländer, sollten gemeinsam den Beweis dafür antreten.

Von Lissabon nach Barcelona

Die EU erinnert manchmal an die ehemalige Sowjetunion

Während in den USA die Arbeitslosenquote im letzten Jahr bei 4,8 Prozent lag und im krisengeschüttelten Japan bei 5 Prozent, betrug sie in der Euro-Zone 8,5 Prozent.

Vor zwei Jahren hat der Europäische Rat in Lissabon das kühne Ziel beschlossen, die EU in zehn Jahren zur dynamischsten und wettbewerbsfähigsten Wirtschaftsregion der Welt zu machen. Vollbeschäftigung und stärkere wirtschaftliche und soziale Kohäsion waren damals die Schlagworte. Die Bilanz, die der Gipfel Mitte März 2002 in Barcelona gezogen hat, ist ernüchternd ausgefallen. Es gibt zwar genügend Subventionsprogramme, alte und neue, mit ehrgeizigen Zielen. Aber auf der anderen Seite bringt Europa seine beschlossenen Reformen nicht voran. Es drängt sich der Vergleich zur ehemaligen Sowjetunion auf: Je schwieriger die tatsächliche Lage, desto utopischer die Fünf- oder in diesem Fall die Zehnjahrespläne.

Die EU feiert gern ihre Erfolge von gestern – wie beispielsweise die Einführung des EURO. Dabei ist die gemeinsame Währung nur der Vollzug von mutigen Entscheidungen, die viele Jahre zurückliegen. Die meisten der zur Zeit anstehenden Reformen kommen nur mühsam voran: etwa die Liberalisierung der Finanzdienstleistungen, des Verkehrswesens und der Energiemärkte, die mit Rücksicht auf Frankreich auf 2004 verschoben wurde und vorerst nur für Geschäftskunden gilt. Selbst bei einem so wichtigen Projekt wie Galileo, mit dem Europa seine eigenen Satelliten als Konkurrenz zum amerikanischen GPS aufbauen möchte, hatten sich die Staaten jahrelang in kleinlichem Streit um die Finanzierung verzettelt, über die nun endlich die Verkehrsminister der EU entschieden haben.

Auch im Bildungswesen sieht es nicht gut aus. Die Pisa-Studie ist ja nicht nur für Deutschland niederschmetternd. Und daß in wenigen Jahren jeder Student in der Europäischen Union einige Semester ohne Probleme in anderen europäischen Ländern absolvieren kann – die Aussicht dafür hat sich kaum verbessert. In diesem Zusammenhang sind auch die Forschungs- und Entwicklungsausgaben von entscheidender Bedeutung: Der globale Wettbewerb läßt sich nur mit hohem Innovationstempo gewinnen. Und dazu brauchen wir mehr Bildung, Forschung und Entwicklung.

US-Präsident George Bush hat Anfang 2002 bekanntgegeben, daß die amerikanische Regierung ihre Ausgaben für die zivile und militärische Forschung noch einmal um zwölf Prozent anheben will – und zwar inflationsbereinigt! Damit geben die USA pro Jahr 76 Milliarden EURO mehr aus als Europa. Europa müßte drei Prozent seines Bruttoinlandsproduktes für Forschung und Entwicklung aufwenden, um die USA (2,6 Prozent) und Japan (2,9 Prozent) zu überholen. Die Steigerungsrate müßte also noch größer sein als die zwölf Prozent, um die Amerika den Etat erhöht.

Der Plan von Lissabon, die wettbewerbsfähigste Region der Welt zu werden, ist also nicht mit ein paar symbolischen Subventionsprogrammen zu erreichen, sondern nur mit gewaltigen öffentlichen und privaten Investitionen in die Wissensgesellschaft. Statt dessen steigen die Ausgaben für soziale Leistungen und Erhaltungssubventionen in eine Höhe, die weder dem Staat noch den Unternehmen den Spielraum für Zukunftsinvestitionen läßt.

Und von wegen Vollbeschäftigung! Während in den USA die Arbeitslosenquote im letzen Jahr bei 4,8 Prozent lag und im krisengeschüttelten Japan bei 5 Prozent, betrug sie in der Euro-Zone 8,5 Prozent. Im laufenden Jahr wird diese Lücke nur etwas kleiner. Die Beschäftigungsquote, im Grunde der bessere Maßstab für die Ausnutzung des wichtigen Rohstoffs Arbeit, liegt in Europa nur knapp über 60 Prozent, in den USA und Japan aber bei mehr als 75 Prozent. Der Fahrplan des EU-Vorsitzes sieht vor, daß diese Quote bis 2010 auf 70 Prozent steigen soll. Die ersten beiden Jahre sind aber bereits verloren...

Die Gipfelstürmer in Barcelona haben sich trotzdem auf die Schultern geklopft und erklärt, man sei auf dem besten Wege, den Zehnjahresplan zu erfüllen. Aber es ist wie beim Eisschnellauf in Salt Lake City: Wer die ersten Runden zu langsam angeht, wird es sehr schwer haben, das Ziel im Schlußspurt als Erster zu erreichen.

Exkurs

Politik in der modernen Mediengesellschaft

Werden wir zunehmend unfähig, zwischen Wichtigem und Unwichtigem zu unterscheiden?

Wenn genügend Tierkadaver im deutschen Frühstücksfernsehen gezeigt werden, wird die für den Menschen ungefährliche Maul- und Klauenseuche zur politischen Chefsache!

Politik war immer eine Bühne. Seit mehr als zweitausend Jahren geht es im politischen Alltag um die Überzeugungen von Menschen, um ihre Ideen und deren Realisierung. Allerdings hat sich in den modernen Industrieländern in den letzten dreißig Jahren etwas Grundlegendes verändert, was die Politik ebenso fundamental verändert hat: Ich rede von der Entstehung der modernen Massenmedien! Die Medien haben für eine Veränderung des politischen Alltags gesorgt, wie das in den letzten zweitausend Jahren keine Tatsache geschafft hat.

„Was wir über die Welt wissen, wissen wir durch die Massenmedien", schreibt der Soziologe Niklas Luhmann. Luhmann hat recht, mittels der Medien können wir ferne Länder sehen, können wir uns unterhalten lassen, können wir uns bilden. Ich brauche hier nicht auf die Vorteile des Rundfunks, des Fernsehens oder des Internets einzugehen. Aber zu Beginn des dritten Jahrtausends gibt es einen wichtigen Punkt, der unser Gemeinwesen, unsere Demokratie und die politischen Verhältnisse entscheidend beeinflußt: Ich rede von der Machtfülle der Medien! Und Macht heißt nun einmal Einfluß! Darüber möchte ich heute sprechen, über den Einfluß der Medien auf unser Gemeinwesen, unsere Demokratie und die Politik.

Lassen sie mich dazu einen kurzen Exkurs in die Vergangenheit machen, zu den Wurzeln der politischen Rede. Die Wurzeln der politischen Rede und ihrer verschiedenen Ausprägungen liegen sehr viel weiter zurück, als es Massenmedien gibt.

Die Anfänge der politischen Rede im alten Griechenland

Die Anfänge der politischen Rede liegen in den Polis genannten Stadtstaaten im alten Griechenland, die sich zum 8. Jahrhundert vor Christus herausbildeten. Jede Polis hatte einen Versammlungsplatz, *agora* genannt, wo sich das Volk bei wichtigen Gelegenheiten zusammenfand, um zu debattieren. Dort wurden die ersten politischen Reden gehalten. Folgerichtig waren es die alten Griechen, die sich mit der Lehre vom Reden und Überzeugen als erste beschäftigten.

Die klassische Rhetorik ist im 5. Jahrhundert vor Christus nach der Beseitigung der Tyrannenherrschaft in Syrakus und Athen entstanden, als Interessengegensätze auf ökonomischem, politischem und rechtlichem Gebiet öffentlich ausgetragen werden konnten. Sie ist der zusammenfassende Begriff für die Theorie und Praxis der menschlichen Beredsamkeit in allen öffentlichen und privaten Angelegenheiten.

Nachdem die Rhetorik geboren war, wurde sie auch schon von den sogenannten Sophisten mit der Philosophie verknüpft. Durch die philosophisch-rhetorische Kunstfertigkeit sollte es gelingen, auch die schlechtere Sache zu einer besseren zu machen. Einer der ersten großen Redelehrer, Gorgias, betonte die Notwendigkeit, in einer Rede die Gefühle des Zuhörers anzusprechen. Dadurch könnte jede gewünschte Wirkung erzielt werden. Während Sokrates und sein Schüler Platon die Haltung der Sophisten ablehnten und die Rhetorik als „Überredung", „Scheinkunst" und „Schmeichelei" kritisierten, die für die Wahrheitserkenntnis untauglich sei, verband Platons bedeutendster Schüler Aristoteles beide Richtungen miteinander. Seine drei Bücher umfassende Rhetorik ist das wohl bedeutendste Lehrbuch der Redekunst.

Spätere Rhetorik in Europa

Nach den sogenannten Dark Ages und dem Mittelalter brachten Renaissance und Humanismus der Rhetorik neue Höhepunkte an Geltung und Machtausbreitung – die Philosophie ging zeitweise in ihr auf – sie beherrschte Schul- und Universitätsbetrieb, Literatur und Architektur, Hof- und Gerichtswesen, gesellschaftliches Leben, Kirche und Theologie; historisches und philologisches Bewußtsein.

Die Aufklärung des 18. Jahrhunderts brachte die Nationalisierung der bisher lateinischsprachigen Rhetorik in allen europäischen Ländern. Es entstand eine Fülle neuer, muttersprachlicher Lehrbücher, auch die Terminologie veränderte sich, in Deutschland z. B. festigte sich der Sprachgebrauch „Beredsamkeit" (oder „Eloquenz") für die Praxis und „Redekunst“ (oder „Rhetorik“) für die Theorie der Rede.

Nachdem die Rhetorik sowohl bei der Vorbereitung als auch beim Ausbruch der Französischen Revolution eine neue politische Dimension gewann, begann im 18. Jahrhundert in Europa ihr Verfall. Der Niedergang der Rhetorik als wissenschaftlicher Disziplin ist in allen Nationalkulturen seit den 30er Jahren des 19. Jahrhunderts zu verzeichnen. Dieser Niedergang zeigte allerdings keine so durchschlagende und anhaltende Wirkung wie in Deutschland, wo der Anschluß an eine seit Beginn des 20. Jahrhunderts besonders in den USA einsetzende, inzwischen lebhafte internationale Forschung erst wieder seit etwa 1960 gelungen ist. Der Grund für eine Art Neuentdeckung der Rhetorik ist der wachsende Anspruch einer mündigen Gesellschaft auf Information.

Sowohl die Debatten im alten Griechenland als auch die politischen Reden zu späterer Zeit hatten im Gegensatz zu unserer heutigen Medienwelt einen entscheidenden Unterschied: Diese Öffentlichkeit besaß mehr persönlich-dialogischen Charakter. Es wurde geredet, debattiert und darauf reagiert! In unserer heutigen Massenkommunikationswelt gibt es dagegen kaum noch echte Debatten, die Kommunikation ist eine Einbahnstraße, in der der Produzent bestimmt, was der Konsument wahrnehmen soll. Der Konsument hat lediglich die Möglichkeit, wahrzunehmen oder eben nicht! Und er hat die freie Wahl unter konkurrierenden Medien, die gleich angestrengt auf Markt und öffentliche Meinung schauen!

Das Überzeugen mittels rhetorischer Kniffe und das Benutzen von erprobten Mitteln in der Redekunst ist also keine Erfindung des Medienzeitalters. Schon vor 2000 Jahren mußten politische Prozesse gelenkt und gesteuert werden. Also alles schon dagewesen, warum dann die Aufregung heutzutage?

Medien, Macht und Politik: Wer instrumentalisiert wen?

Im Jahre 1938 wurde das Radioprogramm von 151 Rundfunksendern in den Vereinigten Staaten durch eine Sondermeldung unterbrochen. Man teilte den Hörern mit, daß Wesen eines anderen Planeten im US-Staat New Jersey gelandet seien und großes Unheil angerichtet hätten. Über 7000 amerikanische Soldaten wären bereits im Kampf gefallen. Es hieß ferner, daß die Bevölkerung New Yorks zur Evakuierung aufgerufen worden sei. Als am Ende der Durchsage die Mitteilung kam: „Es ist alles nur ein Scherz!“, saßen nur noch vier Millionen an ihren Radiogeräten, über zwei Millionen Menschen waren aus ihren Häusern geflüchtet und irrten in wilder Panik durch die Straßen!

Im Jahr 2001: Medien und Politik sind mehr denn je voneinander abhängig. In allen politischen Prozessen haben die Medien ihren festen Platz gefunden, und bei allen Politikern ist vor allen Dingen die Frage, wann und wo man sich der Medien bedienen könnte, von großer Bedeutung. Da wird ganz kühl überlegt, welcher Publizist oder Journalist der eigenen Sache dienlich sein könnte und wer nicht.

Doch zugegebenermaßen wankt dieses Schema. Im Parteispendenskandal, bei Affären um Regierungsflüge in Düsseldorf oder um Gästehäuser in Dresden sind die Formationen nicht mehr so eindeutig erkennbar. Auch der „Spiegel“ war einmal ein politisches Machtinstrument. Doch das ist Vergangenheit, denn das Blatt hat seine Enthüllungsexklusivität eingebüßt, durch die Konkurrenz opfert auch er der Quote, sprich: der Auflage.

Deshalb lautet die Frage: Wird die Politik durch die Medien demontiert? Dazu eine Analyse des Medienwissenschaftlers H. M. Kepplinger. Sie beginnt mit der zentralen Frage, warum sich die Vorstellungen der Bevölkerung von Politik und ihre Einstellungen zur Politik in den letzten Jahrzehnten in Deutschland grundlegend verändert haben. Die Antwort lautet: Die Berichterstattung der Massenmedien über das aktuelle Geschehen war und ist eine wesentliche Ursache dieses Meinungswandels.

– Am Anfang aller Überlegungen steht die Feststellung, daß die Medien in der deshalb so genannten Mediengesellschaft heute eine Schlüsselstellung besitzen: Die mediale Berichterstattung hat heute eine grundlegend andere Bedeutung als früher, sie wurde von einer Begleiterscheinung zu einer Voraussetzung für Politik, Wirtschaft und Kultur. Die Welt ist mittlerweile zu komplex, um alle Sachverhalte direkt wahrnehmen zu können. Wir Menschen sind immer mehr auf Medien angewiesen. Es ist die vermittelte Wirklichkeit, nach der wir Entscheidungen treffen. Dieser Umstand wirkt sich auf die Denk- und Handlungsweisen der politischen Akteure aus: Nachdem sie bisher weitgehend ihrer Eigengesetzlichkeit gefolgt waren, mußten sich Politiker nun den Erfolgsbedingungen der Medien anpassen, so Kepplinger.

– Das Ergebnis von Kepplingers Analyse erscheint auf den ersten Blick wenig hoffnungsvoll. Seit Mitte der fünfziger Jahre vermittelt die Darstellung von Problemen und Problemlösungen in der aktuellen Berichterstattung einen immer schlechteren und zuletzt verheerenden Eindruck von der Lage in Deutschland.

Wer sich in Deutschland in den vergangenen Jahrzehnten nur anhand der aktuellen Berichterstattung über das Land informieren wollte, mußte zu dem Schluß kommen, daß die Bürger dieses Landes vom Staat und von der Politik nichts zu erwarten hatten, sondern im Gegenteil massiv geschädigt wurden: „Die Probleme Deutschlands schienen zuzunehmen, ihre Lösung nicht voranzukommen. Opfer der Unfähigkeit von Staat und Politik schienen vor allem einzelne Bürger, Gruppen und ‚die Gesellschaft' insgesamt zu sein. Die Ursachen der Probleme schienen vorwiegend beim Staat und bei der Politik zu liegen ... Offensichtlich waren der Staat und die Politik ein Teil der Probleme, deren Lösungsbedürftigkeit sie ihre Existenz verdanken."

– Politiker in der Informationsgesellschaft sind auf die Akzeptanz durch die Medien existentiell angewiesen. Längst haben die Medien aufgrund ihrer stärkeren Stellung im Prozeß der politischen Willensbildung der Politik ihre Erfolgsbedingungen aufgezwungen. Für den Politiker ist der Erfolg in den Medien unabdingbare Voraussetzung für seinen Erfolg in der Politik geworden. Die symbolische Visualisierung erscheint wichtiger als alles andere.

– Für den Politiker bedeutet dies, daß die mediale Präsenz und die – dazu häufig Anlaß gebende – mediale Attacke gegenüber Dritten zu einer echten Alternative für tatsächliche politische Erfolge wird. H.M. Kepplinger weist nach, daß der rapide Ansehensverlust der Politiker nicht primär durch Kritik aus der Gesellschaft verursacht ist, sondern in einer oft überzogenen Kritik von Politikern gegenüber Politikern wurzelt. Und die Massenmedien können von ihrer Struktur her differenzierte Kritik nicht mehr transportieren und tragen so zur Schwarz-Weiß-Auseinandersetzung bei. Aber so sehr auch die eigene publizistische Präsenz und der eigene Bekanntheitsgrad durch Angriffe auf andere Politiker erhöht werden, so sehr vermindern sie das Ansehen der Politiker und der Politik insgesamt, schädigen den Ruf des politischen Systems und gefährden damit langfristig die Institution des Parlamentarismus.

– Journalisten und Massenmedien haben Macht, denn sie sitzen an den Schalthebeln der Vermittlung, der Filterung von Wirklichkeit. Sie haben die Möglichkeit, Stimmungen und Meinungen weiter Kreise der Bevölkerung nicht nur zu beeinflussen, sondern zu prägen. Umgekehrt tendieren die Massenmedien dazu, die Wünsche und Bedürfnisse ihres Publikums aufzugreifen und zu verstärken. In dieser Wechselwirkung zwischen Mainstream-Journalismus und Stimmungsmache wirken die Medien direkt auf die verschiedensten Themenbereiche der Politik ein.

– Es ist nachdenkenswert, wenn gesagt wird, daß der amerikanische Präsident und seine Berater durch die Berichterstattung von CNN außenpolitische Themen aufgezwungen bekommen. Und wenn genügend Tierkadaver mehrmals täglich im deutschen Frühstücksfernsehen gezeigt werden, wird die für den Menschen ungefährliche Maul- und Klauenseuche zur politischen Chefsache!

– Umgekehrt setzen Politiker und auch Wirtschaftsführer die Medien geschickt ein, um ihre jeweiligen Ziele durchzusetzen. Bisweilen nutzen sie die Medien sogar gnadenlos aus und manipulieren sie. Treffsicher eignen sich die Politiker aus einem Kranz drängender Themen besonders die populistischen an. Damit erreichen sie die Aufmerksamkeit der Massenmedien. Was viele interessiert und anspricht, wird gesendet oder veröffentlicht. Dadurch erhalten die Politiker öffentliche Meinungsmacht, weil sie bekanntwerden und mit ihren Statements oft in der medialen Öffentlichkeit zu sehen und zu hören sind.

Dieses Zusammenspiel von Medien und Politik funktioniert immer wieder und immer besser, einfach deshalb, weil eine gewisse Kongruenz der Interessen existiert. Politiker sind daran interessiert, ein Forum zur Selbstdarstellung zu erhalten – die Medien daran, exklusiv zu berichten. Durch ihre Vielzahl und den Zwang zur Exklusivität gibt es einen Wettlauf der Sender um dic beste Mediengeschichte und die populärste, wirksamste Medienstory. Nur wer die Story und die Hintergründe hat, wird in der Berichterstattung die Einschaltquoten erreichen, die dann auch die entsprechenden Werbeeinnahmen sichern.

Verantwortung haben beide Seiten: die Politiker gegenüber dem Wähler und die Medien sowohl gegenüber dem Politiker als auch dem Konsumenten. Die Verantwortung des Politikers liegt in der Zurückhaltung bei der Nutzung der Massenmedien zur Verfolgung seiner Ziele. Und die Medien haben als sogenannte Vierte Gewalt eine noch größere Verantwortung gegenüber dem Gemeinwesen! Diese Verantwortung wiegt deshalb besonders schwer, weil der freiheitliche Rechtsstaat substantiell von der unkontrollierten und freien Medienlandschaft lebt!

Die Verantwortung der sogenannten Vierten Gewalt

In der demokratischen Gesellschaftsordnung wird die Presse oft als „Vierte Gewalt“ bezeichnet. Diese Klassifizierung besteht durchaus zu Recht. Solange der freie Journalismus existiert, haben die Presse und verhältnismäßig neue Medien wie Radio und Fernsehen vorgeführt, daß sie durch Berichterstattung und Propaganda in der Lage sind, Personen und Persönlichkeiten in erhebliche Schwierigkeiten zu bringen, Regierungen oder Politiker zu stürzen, die öffentliche Meinung zu beeinflussen und Lawinen öffentlicher Begeisterung oder Entrüstung loszutreten. Durch Fälle wie die Spiegelaffäre, die Watergateaffäre und nicht zuletzt durch die Berichterstattung über den Vietnamkrieg hat der freie Journalismus eindrucksvoll seinen Stellenwert im Spiel politischer Macht und in der Lenkung öffentlicher Meinung bewiesen. Diese Vierte Macht ist es, die Machtinhabern moralische Grenzen setzt und sie öffentlicher Kontrolle unterzieht, zu der konstitutionelle Instrumente aus mancherlei Gründen oft nur unzureichend in der Lage sind.

Das Beispiel Silvio Berlusconi

Aber auch die Gefahr des rücksichtslosen Einsatzes von Medienmacht zur Erlangung von politischer Macht erreicht im Medienzeitalter eine neue Dimension. Das wohl prominenteste Beispiel ist die Wahl Silvio Berlusconis zum neuen italienischen Ministerpräsidenten. Mitte Mai 2001 wurde der milliardenschwere Medienunternehmer zum zweiten Mal Regierungschef von Italien. Nicht nur wegen seines Einflusses auf den italienischen Fernsehmarkt, sondern auch einfach wegen seines persönlichen Reichtums wirkt Silvio Berlusconi wie eine schillernde Figur. Allein die von ihm über die Holding Fininvest kontrollierten Aktienpakete der börsennotierten Gesellschaften werden derzeit an der Börse mit 12 Milliarden EURO bewertet. Hinzu kommen noch andere Gesellschaften wie die Filmproduktions- und Kinofirma Medusa, ein Verlag für Gelbe Seiten und der Fußballclub AC Mailand. Der italienischen Bürger sieht also das Fernsehprogramm seines Ministerpräsidenten, zerstreut sich bei einem Fußballspiel des Clubs des Ministerpräsidenten und wohnt womöglich in einem Haus, das eine Firma Berlusconis baute!

Aber die italienischen Wähler sprechen weniger über die Finanzierung des Wahlkampfes und den Reichtum Berlusconis als über ihre persönliche Wertung von Reichtum an sich. Nicht wenige sind der Ansicht, daß Berlusconis Vermögen von Leistungsfähigkeit zeuge und ihn nicht so anfällig mache für kleine Geschäfte auf Gegenseitigkeit, wie sie oft in der Politik vermutet werden. Wie Berlusconi allerdings seinen Wahlkampf mit den Medien führte, zeigt eine Studie des öffentlich-rechtlichen italienischen Rundfunks RAI. Dieser Studie zufolge hat der italienische Oppositionsführer im Wahlkampf vor der Parlamentswahl offenbar massiv von seinen eigenen Privatfernsehsendern profitiert. Berlusconi hatte doppelt so viel Bildschirmpräsenz in seiner Senderkette wie der Mitte-Links-Kandidat Francesco Rutelli. Im Zeitraum vom 10. März bis 30. April 2001 sei Berlusconi auf den drei Sendern seines Mediaset-Konzerns 626 Minuten zu sehen gewesen, Rutelli dagegen nur 362 Minuten. Untersucht wurden den Angaben zufolge Fernsehmagazine, Nachrichtensendungen und politische Rubriken. In Magazinformaten habe der umstrittene, aber aussichtsreiche Rechtskandidat Berlusconi davon sogar 276 Minuten Bildschirmpräsenz gehabt – der ehemalige Römer Bürgermeister Rutelli dagegen nur 51.

Im öffentlich-rechtlichen Fernsehen weisen die beiden Spitzenkandidaten – der Studie zufolge – ein ausgeglicheneres Präsenzverhältnis auf. In den RAI-Programmen war Rutelli in einem vergleichbaren Zeitraum demnach 196 Minuten zu sehen, Berlusconi 186 Minuten. Der Medienmagnat klimpert auch geschickt auf der demagogischen Klaviatur. Nachdem der zunächst große Vorsprung Berlusconis vor dem linken Gegenkandidaten Rutelli immer weiter zusammengeschmolzen war, drohte Berlusconi in einer Talkshow: „Wenn die politischen Gegner uns nicht gewinnen lassen, werden wir zu Millionen auf die Straße gehen." Anschließend beschuldigte er die Linke, eine Lügenkampagne gegen ihn zu führen. Das Ganze wurde natürlich auf seinen zahlreichen Sendern dem Wähler immer und immer wieder eingehämmert.

Kurz vor seiner Wahl griff Berlusconi noch einmal tief in die demagogische Trickkiste. In einer der meistgesehenen Diskussionssendungen im Staatsfernsehen bekräftigte er noch einmal mit großem Werbeeffekt die wichtigsten Punkte seines Wahlprogrammes. Er biete den Italienern nicht Versprechungen eines Politikers, sagte er, sondern einen Vertrag wie mit einem Unternehmer. Innerhalb von fünf Jahren würden die Steuern für Familieneinkommen bis 11 000 EURO auf Null reduziert und der Höchststeuersatz auf 33 Prozent gesenkt. Die Mindestpensionen würden auf umgerechnet 500 EURO angehoben, rund 1,5 Millionen Arbeitsplätze geschaffen, die Kriminalitätsraten deutlich gesenkt. Schließlich würden innerhalb von fünf Jahren mindestens vierzig Prozent des vorgelegten Planes für die Infrastruktur Italiens verwirklicht. Für den Fall, daß nicht wenigstens vier der fünf Versprechen verwirklicht seien, versprach Berlusconi, sich vollständig aus der Politik zurückzuziehen, um damit zu zeigen, daß er nicht – wie Berufspolitiker – Politik um der Politik willen betreibe. Nach seiner Wahl wandte er sich dann auch prompt in einer Ansprache an das italienische Volk. Höhere Renten, weniger Steuern, mehr Arbeitsplätze – genau an diesen Versprechen fehlte es nicht.

Verantwortung haben beide Seiten: die Politiker gegenüber dem Wähler und die Medien sowohl gegenüber dem Politiker als auch dem Konsumenten. Die Verantwortung des Politikers liegt in der Zurückhaltung bei der Nutzung der Massenmedien zur Verfolgung seiner Ziele. Und die Medien haben als sogenannte Vierte Gewalt eine noch größere Verantwortung gegenüber der Bevölkerung.

Mindestens im selben Maße, in dem Gewaltenteilung etwa zwischen Parlament und Regierung immer wieder durch Koalitionszirkel, Bündnisse und außerparlamentarische Absprachen in Gefahr gerät, bringt die Verknüpfung von politischen Machtansprüchen und der Möglichkeit, wichtige Teile der Informationsmittel zu kontrollieren, Gefahren für die Freiheitsrechte des Bürgers.

Mißbrauch durch Boulevardmedien? – „Infotainment" als Unterhaltung

– Niemand kann das Rad der Geschichte zurückdrehen. Niemandem kann es gelingen, die Existenz des Boulevardalismus zu unterbinden, zumal nur zu eindeutig erkennbar ist, daß hierfür ein bedeutender Markt vorhanden ist. Aber wir müssen versuchen, die möglichen rationalen Auswirkungen dieser irrationalen Medienberichte zu verhindern. Wir müssen endlich dafür Sorge tragen, daß auch der unbedarfteste Leser oder Zuschauer in die Lage versetzt wird, diese medialen Auswüchse als das zu erkennen und einzuordnen, was sie in Wirklichkeit sind, nämlich Unterhaltung! Nur dann können wir verhindern, daß die Grenzen zwischen seriöser Information und Entertainment durch Wortschöpfungen wie „Infotainment" verwaschen und unkenntlich werden.

– Da wir Deutschen ja ein sehr verkrampftes Verhältnis zu Vergnügen und Genuß haben, halten die Macher von Medien einen Etikettenschwindel für notwendig. Der Begriff „Infotainment" kaschiert an dieser Stelle, daß es sich nicht um seriöse Nachrichten, sondern um Unterhaltung handelt. Sicherlich basieren alle behandelten

Themen auf realem Geschehen, aber die Relevanz eines Nachbarschaftsstreites über Porno-Gartenzwerge kann man nicht mehr erkennen.

– Trockene Themen, die einer sachlichen Darstellung oder Analyse bedürfen, werden ausschließlich, wenn überhaupt, über die Anbindung an Emotionsträger vermittelt. Es werden zum Beispiel nicht die Probleme bei der Bekämpfung der BSE-Verbreitung analysiert und verdeutlicht, sondern es wird nur der Bauer Fridolin aus Hinterwaldhausen vorgeführt, der Tränen in den Augen hat, weil seine Rindviecher notgeschlachtet werden müssen.

– Unter diesen Gesichtspunkten muß einem ein in Koblenz stattgefundener Prozeß in neuem Licht erscheinen. Der Inhaber einer Nachrichtenagentur war wegen Betruges zu einer unverhältnismäßig hohen Haftstrafe von vier Jahren verurteilt worden, weil er in Ermangelung aktueller Massaker seine sensationellen „Nachrichten“ gleich selbst produziert hatte. Er berichtete vom Ku-Klux-Klan im Hunsrück, Tötung einer Katze im Rahmen einer schwarzen Messe und ähnlichen Blödsinn. Diese Art von „Nachrichten“ entsprach aber derart der Erwartungshaltung der Medienfabrikanten, daß sie fast alle den Blödsinn gekauft und auch gesendet haben. Interessant ist, daß nach der Aufklärung der Straftat die Medien die Ungeheuerlichkeit der Manipulation der Information durch den Redakteur gezeigt haben, aber wenig über die Verantwortlichen für die Kontrolle der Information und ihres Lieferanten zu hören und zu sehen war. Die Offenlegung der Affäre hat gezeigt, was Boulevardmedien unter „Nachrichten“ verstehen!

– Längst müssen wir beobachten, daß auch die öffentlich-rechtlichen Sendeanstalten mit dem Virus des Reality-TV infiziert sind und meinen, aus Wettbewerbsgründen nicht auf dieses Format verzichten zu können. Die Boulevardmagazine von ARD und ZDF stehen den privaten Sendern mittlerweile bei der Präsentation von Banalitäten in nichts nach: 1997 erreichte uns im ARD-Magazin „Brisant“ die weltbewegende Kunde, daß man in Tennessee ein Brötchen entdeckt habe, das aussehe wie Mutter Theresa!

Die Zukunft der Politik im Medienzeitalter

Nun hilft alles Lamentieren über diese Zustände nichts. Wir werden sie nicht ändern können. Aber wir können mit ihnen umgehen und sie auf diese Weise vielleicht mittel- und langfristig beeinflussen. Der bekannte Fernsehmoderator Roger Willemsens sagte vor kurzem in einem Interview: „Wir sollten nicht mehr fragen, was das Fernsehen zur Erscheinung bringt. Wir sollten fragen, was verschwindet durch das Fernsehen? Der riesige Haufen Welt, der von diesem Massenmedium aus den Köpfen getilgt wird, wächst unablässig an, während das, was wir zu sehen bekommen, immer weniger wird.“

Mit anderen Worten, die Informationsgesellschaft macht es nicht leichter, sondern schwieriger, aus der explodierenden Fülle von Einzelinformationen brauchbares Wissen oder gar Welterfahrung zu formen. Entsprechend wachsen die manipulativen Versuchungen, die die Komplexität reduzieren sollen. Für die Probleme der Massenkommunikation wissen wir keine Lösung. Dennoch können wir nicht pessimistisch sein. Es kann für dieses Problem nur eine Lösung geben: Medienkompetenz.

Unter den Bedingungen der schönen neuen Multimediawelt wird sich die Tendenz zu mehr Unterhaltung und weniger Information, zu mehr Bildern und weniger Text noch fortsetzen. Der Siegeszug der neuen Bilderwelten könnte die heute noch allgemein verbreitete Kulturtechnik des Lesens und damit auch des Zeitungslesens schrumpfen lassen. Wir werden verdrängt, oder wir ertrinken in der Datenflut der Bildschirme. Wir sind zunehmend unfähig, zwischen Wichtigem und Unwichtigem zu unterscheiden. Dies hat auch nachteilige Folgen für unsere demokratische Staatsform und die Politik.

Momentan gibt es nicht viele Menschen, die sich in der neuen Medienwelt schnell und sicher bewegen und zurechtfinden können. Eine kleine Gruppe vermag mit den neuen Technologien umzugehen. Sie versteht es auch, sowohl die alten wie auch die neuen Medien angemessen zu nutzen. Und sie hat gelernt, das Tempo der Informationsverarbeitung zu variieren. Nun muß es darauf ankommen, allen Menschen diesen Status zu geben. Daher stellen sich neue spezifische Anforderungen an unsere Bildungs- und Ausbildungsgänge. Es kommt für die jungen Menschen immer weniger darauf an, die Daten und Informationen, die morgen überholt sind, zu speichern, sondern sie müssen lernen, aus Daten Informationen und aus Informationen Wissen zu kreieren.

Wir dürfen uns nicht nur kurzsichtig auf technologische Probleme der Wissensgesellschaft – etwa der Suchmaschinen im Internet – konzentrieren. Es geht nicht nur um die rasante Entwicklung der Technologie, die uns heute Such- und morgen Findemaschinen beschert. Wir müssen uns mit langfristiger Perspektive den Bildungsinhalten und den Grundwerten widmen, die aus einer langen europäischen Kulturgeschichte hervorgegangen sind und uns befähigen, Maßstäbe zu entwickeln, an denen Wert und Nachhaltigkeit von Informationen zu messen sind. Es muß uns gelingen, Menschen auch in Zukunft wertungs- und kritikfähig zu erhalten und ihnen das geistige und moralische Rüstzeug für die Bewältigung der Herausforderungen des elektronischen Zeitalters mitzugeben. Nur so sind sie in der Lage, die dargestellten Probleme der gegenseitigen Abhängigkeit von Politik und Medien zu durchschauen und mit ihnen umzugehen!

Und auf diese Weise muß es auch gelingen einen Journalismus zu sichern, der sich seiner Verantwortung als Vierter und zugleich einziger Gewalt im freien Rechtsstaat, die sich selbst kontrolliert, bewußt ist. Ein solcher Journalismus bewahrt auch Politiker vor zuviel Glauben an die Bühnenausstattung ihres Tuns statt an die Kraft ihrer Argumente. Und nur so können Politiker und Journalisten und diejenigen, die als Eigentümer und Manager im Medienbereich Macht ausüben, Vertrauen gewinnen.

Editorische Notiz

Manche Kapitel dieses Buches beruhen auf Beiträgen, die der Autor zwischen 1997 und 2002 für die Zeitschrift „Capital", Köln, die „Mitteldeutsche Zeitung", Halle an der Saale, die Zeitung „Sonntag aktuell", Stuttgart, und die „Süddeutsche Zeitung", München, geschrieben hat.

Die Reden „Ein Grund zum Feiern? Zehn Jahre JENOPTIK" vom 26. Juni 2001 und „Unternehmerische Verantwortung in der Bürgergesellschaft" anläßlich der Herbert Quandt Medien-Preisverleihung am 22. Juni 2001 sowie die Antrittsvorlesung anläßlich der Verleihung der Honorarprofessur der Friedrich-Schiller-Universität Jena an Dr. h.c. Lothar Späth am 12. Juni 2001 unter dem Titel „Politik in der modernen Mediengesellschaft" werden hier zum ersten Mal in Buchform veröffentlicht.

HHV